Die Verse der Liebe

Bibliografische Information der Deutschen Nationalbibliothek: Die Deutsche Nationalbibliothek verzeichnet diese Publikation in der Deutschen Nationalbibliografie; detaillierte bibliografische Daten sind im Internet über dnb.dnb.de abrufbar.

Autor : Hasan H. Aydogan (D)

Lektorat / Redaktion (Lektorat / Korrektorat) :
Ayşe Sağlamoğlu / Murat Aydoğan (TR)

Kalligraphie : Verena S. Lauer (PSE/D)

Einband / Gestaltung (Coverdesign) : Nasir B. (PAK)

Herstellung und Verlag: BoD - Books on Demand, Norderstedt

ISBN: 9783756230440

Ich bin der Wanderer der Liebe,
Gezen genannt,
ich bin die Gehende der Liebe,
Giden genannt.
Ich fliehe vor mir selbst,
und ich suche mich selbst.
Ich suche den Geschmack der Liebe,
und ich will frei sein vom Schmerz.
Ich möchte mich an die Liebe erinnern,
und ich will die Liebe vergessen.
Mein Name ist Gezen.
Ich bin die Giden.

Eine Reise der Liebe

Mit dem einleitenden Satz "Es war einmal" beginnen unsere Märchen zu lesen. Es war einmal vor langer, langer Zeit, heißt es, und mit diesen Worten entführen uns die Märchen aus unserer Irdischen in ihre wunderbaren Traumwelten. Zeit und Ort ins Ungewisse auflösend, versinken wir in diesem Zauber. Plötzlich erscheinen uns Orte, an denen der Büffel ein Barbier ist, das Kamel ein Geschichtenerzähler und sogar der Sohn die Wiege des Vaters schaukelt. Es sind Welten voller Geheimnisse und Phantasie, die so unglaublich erscheinen und mit ihrem Zauber unsere Phantasie beflügeln. Der Grund für diese Macht liegt in ihrer verborgenen Natur.

So gerne wir Märchen lesen und in ihre mystischen Welten eintauchen, so unwirklich und fremd erscheinen sie uns doch aus unserer irdischen Welt betrachtet. Dabei drängt sich unweigerlich die quälende Frage auf, ob wir Menschen selbst eigentlich in einer Welt der Wahrheit oder, ähnlich wie die Märchen, in einer Welt der Unwahrheit leben?

Diese irdische Welt, die nach den Gesetzen ihres Schöpfers vergänglich ist, wird sich eines fernen Tages selbst in eine einzige Lüge verwandeln. In den Versen der Liebe heißt es, dass das Ende der irdischen Welt den einzigen bleibenden

Wert, die Liebe, nicht mit in das dunkle Elend der Vergänglichkeit reißen wird. Obwohl diese für uns unbegreiflichen Mächte an den Zähnen dieser Wirklichkeit zerren und die Wahrheit der Liebe immer wieder zu uns spricht, haben wir Menschen es doch von Zeit zu Zeit wieder gewagt, auch diese über alles erhabene Macht, die Liebe, die einzige Verbindung zwischen dem irdischen Dasein, dem ganzen Universum und den über alles erhabenen Welten, als ein Märchen aus Tausend und einer Nacht abzutun und aus unserem Leben zu verbannen. Aber so undankbar waren wir der gewaltigen Kraft des Universums gegenüber nicht immer. Auch wir haben sie einst, vor langer Zeit, als die eine, ja die einzig wahre Macht begriffen, als die Wahrheit, die in allen Welten ewig bleibt. Und wir haben sie auch als diese Wahrheit gelebt. Wir haben unser Denken und Fühlen und alles Geschehen nach ihr ausgerichtet, und alles erschien uns in einem anderen Licht, als es nach unserem heutigen Urteil der Fall ist.

So sehr wir einst diesem schönsten Gefühl des Universums Gehör schenkten, so sehr waren wir zuletzt doch nur Menschen, die selbst dieses erlösende Gefühl zu verbannen wussten und uns lieber mit den Schrecken und Leiden unseres Daseins als vergängliche Wesen zu definieren suchten. Und wenn uns danach war und wir nach Lust und Laune etwas von der Liebe hören und lesen wollten, dann schrieben wir Gedichte, sangen Lieder, erzählten glorreiche Geschichten über sie. Als wir Narzissten sie dann nicht mehr für nötig hielten und meinten, ohne sie viel weiter zu kommen, lehnten wir uns gegen sie auf und warfen sie wie nutzlosen Zierrat beiseite.

Und als ob das alles noch nicht genug wäre an Verleugnung der Nahrung unserer wahren, seelischen Identität, haben wir die Liebe in unserem irdischen Dasein als unser Eigentum betrachtet, wie unser sonstiges Hab und Gut, und sie in unsere Regeln und Käfige eingesperrt, und in dieser Arroganz haben wir ihr gestattet, nur noch in diesen Kerkern zu existieren. So haben wir ihre Wirklichkeiten in Lügen für unseren Verstand umgeschrieben, und in dieser Entfremdung hat sie sich schließlich immer wieder von uns abgewandt. Immer dann, wenn die Liebe diese untreuen Menschen nicht mehr für würdig hält und sich so weit von uns entfernt, dass sie aus unserer Welt zu verschwinden droht, öffnet sie sich jedoch mit den Versen der Liebe einen neuen Weg, um wieder Zugang zu unserer Welt und zu unseren Herzen zu finden. Das bunte und helle Licht der Liebe ist dazu aus den Herzen derer, die es vor mir in Zeilen geschrieben haben, in ihre Hände und aus ihren Händen mit der Feder auf das Papier geflossen. So kommt die Liebe wieder in unsere Welt und sucht sich neue Würdenträger, die zum Verstehen und zur Wiedergabe ihrer Worte in der Lage sind. Die Liebe hat meine Hand dazu auserwählt, und so habe ich die Griffel beiseite gelegt, die nur die Worte dieser Welt schreiben, und habe geschrieben, was mir die Feder der Liebe geschenkt hat.

Giden erwacht...

In unserer vergänglichen Welt sind unsere Beziehungen mindestens genauso vergänglich. Als diese Beziehungen, Partnerschaften oder Ehen eines Tages in die Brüche gingen, dachten wir, dass die Liebe es den Beziehungen gleichtun und ebenfalls verschwinden würde. Wie konnten wir es wagen, so zu denken? Um mit diesen Lügen über die Liebe aufzuräumen, werden nun die Verse der Liebe neu geschrieben, und die Herrschaft der Liebe wird zurückkehren. Und Giden wird eine der neuen, tapferen Botschafterinnen dieser Herrschaft sein.

Aber in diesem Moment der anhaltenden Trauer ist Gidens Zustand noch eher beklagenswert. Ihr Kopf ist über den Tisch gebeugt, ihr Herz ist verbittert und ihre Augen sind voller Tränen. Großvater Varmış empfindet immer mehr Mitleid mit ihr und wünscht sich nichts sehnlicher, als dass Giden diesen Zustand hinter sich lässt und erwacht. Doch Giden scheint trotz aller Bemühungen von Großvater Varmış in diesem Zustand verharren zu wollen. Leider definiert der Mensch sein Dasein auf dieser Welt sehr oft über den Schmerz. Auch damit muss jetzt Schluss sein. Großvater Varmış, den die Menschen auch als den "Angekommenen" kennen, hat auch hierzu etwas zu sagen.

Er sagt: "Giden. Mein Kind, Giden, hebe endlich deinen Kopf. Ich habe dir gesagt, du sollst aufwachen. Wach auf aus diesem bösen Traunm und hör mir zu."

Giden schafft es kaum den Kopf zu heben. Vor sich hin murmelnd sagt sie: "Warum? Ich bin zufrieden mit dem, was ich tue. Lass mich!"

"Das bin ich aber nicht", reagiert Großvater Varmış etwas verärgert.

"Was soll ich dir jetzt sagen, Großvater? Was willst du hören? Du weißt, dass unser Zusammensein eine einzige Lüge war. Willst du das noch einmal von mir hören? Es war eine Lüge!", sagt Giden leicht ärgerlich.

"Nur die sterbliche Welt ist eine Lüge, Giden!"

"Großvater, ich bin am Ende meiner Kräfte und meines Glaubens. Ich habe vielmehr das Gefühl, dass alles, auch die Liebe, eine große Lüge zu sein scheint. Wie auch alles, was ich mit ihm erlebt habe. Sogar die Liebe, die er mir beteuerte, war eine einzige große Lüge. Wenn man erfährt, dass

4

selbst die Liebe nur eine Lüge zu sein scheint, ein Lippenbekenntnis, das man ausspricht, wenn man es braucht, und wenn man es nicht mehr braucht, streicht man es aus dem Gedächtnis, legt es beiseite wie ein Märchen aus fernen Tagen, was bleibt einem dann überhaupt noch zu glauben in dieser verlogenen Welt?", sagt Giden.

"Ich verstehe deine Frustration, aber was bleibt, ist die Liebe und der Glaube an die Liebe, mein Kind. Sie ist das Einzige, was ewig währt, die einzige Sprache unserer Seele, die uns in der Sprache der Welten erzählt wird. Du siehst in ihrem wahren Gesicht, in ihrer Vollständigkeit, die einzige Wirklichkeit. Ich bitte dich, binde sie nicht an die falschen Liebesgeschichten, die in der Sprache der Menschen erzählt werden."

"Was ist der Unterschied zwischen dem, was die Menschen über die Liebe erzählen, und dem, was die Liebe in ihrer angeblichen Wahrheit sagt, kannst du mir das bitte beantworten, Großvater?"

"Die Beziehungen auf dieser Erde sind so sterblich wie das Menschengeschlecht. Aber die Liebe währt ewig! Die Liebe ist der Inbegriff der Wahrheit!"

"Du nennst die Liebe die eine Wahrheit. Sieh, was ich durchgemacht habe, als ich den Geschmack der Liebe suchte. Wie kann ich in dieser falschen Welt glauben, dass ihre Liebe wahr ist, Großvater Varmış?"

"Die Liebe ist die einzige Wahrheit in dieser Welt und in den Welten, die darüber erhaben sind. Aber ich glaube nicht, dass du diese Einsichten hier an diesem Tisch, in deinem betrunkenen Zustand, begreifen kannst."

"Großvater. Schau, ich will hier nur meinen Rakı trinken und alles vergessen, ihn, meine Beziehung zu ihm und am besten auch gleich meine ganze Liebe."

Großvater Varmış setzt sich Giden gegenüber und lächelt. "Du willst die Liebe vergessen? Stell dir für einen Moment vor, deine Gedanken wären die Maxime aller Welten. Stell dir eine Welt vor, in der die Liebe vergessen ist und daran nicht mehr erinnert wird."

Giden findet diesen Gedanken äußerst erschreckend. In einer Welt, in der die Liebe in Vergessenheit geraten ist, wird es keinen erhellenden Grund mehr geben zu leben!

Giden fragt: "Was soll ich deiner Meinung nach tun? Bitte sag es mir, Großvater!"

" Hör mir zu. Hör mir gut zu, mein Kind. Dein Zustand ist nicht der, den ich mir für dich wünsche! Die Liebe, die sich in deiner Rebellion gegen sie allmählich von dir abwendet, ist kein Zustand. Es ist keine Lösung für deine Sorgen. Es ist ein Weg in die Dunkelheit."

"Dunkelheit? Ich möchte nicht in der Dunkelheit sein! Ich ziehe das Licht vor. Dann sag mir, was muss ich tun, um den Weg des Lichts zu gehen? Du nennst die Liebe die Wahrheit. Was muss ich tun, um zu glauben, dass sie wirklich die einzige Wahrheit aller Welten ist?"

"Wenn ich dir die Antwort gebe, wirst du dann wirklich tun, was ich sage, Giden?"

Giden stutzt einen Moment. Es ist klar, dass sie, wenn sie Großvater Varmış jetzt ihr Ja gibt, dann sie nun auch eine große Verantwortung in sich trägt.

"Wie kann ich das jetzt schon beantworten?", fragt Giden etwas verlegen.

"Es lohnt sich, die Wahrheit zu kennen. Die Wahrheit hat keine Zeit zu verlieren. Aber zuerst musst du mir versprechen, dass du tun wirst, was ich dir sage."

Giden lehnt sich in ihrem Stuhl zurück und denkt nach. Sowohl aus Neugierde als auch wegen der Aufregung, die in ihr hochkocht, willigt sie ein, das zu tun, was Großvater Varmış sagen wird.

"Okay, okay, Großvater. Vielleicht ist dieser Weg, von dem du sprichst, der Weg, der mich wieder zu mir selbst führt. Ich verspreche dir, ich werde alles tun, was du mir sagst. Nur hol mich aus diesem Zustand heraus!"

Diese Antwort von Giden ist die Antwort, auf die Varmış Dede gewartet hat. "Es gibt einen Weg, der dich ruft. Du musst diesen Weg gehen, um deine Antworten zu finden, mein Kind."

"Ja, aber wohin soll ich gehen und was ist das für ein Weg, der auf mich wartet?"

"Es ist ein Weg, der dich die Wahrheit erfahren lässt. Es ist ein Weg, der dich dazu bringen wird, diese Wahrheit überall zu verbreiten."

"Und wo ist das Ende, ja das Ziel dieses Weges?"

"Das Ende dieses Weges ist zu lernen, dass die Liebe die einzige Wahrheit ist, an die du glauben kannst. Aber bedenke, dass das Ende dieses Weges in Wirklichkeit der Beginn eines neuen Lebens ist. Für dich und für alle Wesen auf der Welt."

"Großvater, du sagst, die Liebe ist die einzige Wahrheit, dabei bin ich in meinem jetzigen Zustand sogar ein Rebell gegen die Liebe!"

"Du hast es versprochen, vergiss das nicht, mein Kind! Du wirst diesen Weg gehen."

"Aber wohin werde ich auf diesem Weg gehen?"

"Sie wird deinen Weg bestimmen, hab also keine Angst!"

"Die Liebe wird meinen Weg bestimmen?", fragt Giden.

"Ja, die Liebe!"

"Großvater, wie kann die Liebe, an deren Existenz ich nicht einmal glauben will, meinen Weg bestimmen? Aber ehrlich gesagt, ich bin fasziniert und schau, mein Herz klopft vor Aufregung. Und was du gesagt hast, klang für mich trotz allem vernünftig. Ich glaube... ich glaube, ich werde es tun, ich werde diesen Weg gehen".

Giden bleibt eine Weile sitzen und denkt über das Gesagte nach. Dann steht sie mit entschlossenem Gesichtsausdruck auf. Großvater Varmış freut sich sehr über ihre Entschlossenheit und steht mit ihr auf.

"Das Licht, das durch die Liebe auf deinen Weg scheint, wird dir immer zeigen, wohin du gehen und wen du finden sollst, mein Kind!"

"Und wie kann ich sicher sein, dass ich auf dem Weg des richtigen Lichtes bin?"

"Vertraue auf die Liebe, vertraue auf meine Worte und fange an, auf dein Herz zu hören, mein Kind. Dieses Vertrauen und dieser Glaube werden deinen Weg erleuchten. Alles, was ich dir gesagt habe, steht bereits in den Versen der Liebe geschrieben."

"In den Versen der Liebe? Erzähl mir mehr davon, Großvater!"

"Es ist die Liebe in uns und um uns, die seit der Erschaffung der Welten alles zusammenhält. Wenn es, wie in deinem

Fall, keinen Grund mehr gibt, mit einem Menschen zusammenzubleiben, dann liegt der Grund in der sterblichen Menschheit und ihren ebenso sterblichen Antrieben. Heute wirst du genug Gründe sehen, warum du Abstand von diesem Menschen brauchst. Dann vergisst du, dann vermisst du, dann willst du wieder. Aber die Liebe kommt nur zu den Würdigen und folgt weder deinem Vergessen noch deinem Vermissen! Sie ist allgegenwärtig und hält alles im verdienten Abstand und in würdiger Nähe zueinander. Die Wahrheit darüber steht in den Versen der Liebe geschrieben."

"Was du sagst, klingt für mich wie Geschichten aus einer Märchenwelt. Woher weiß ich, dass es sich um die Wahrheit handelt und nicht um Märchen?"

"Willst du das herausfinden?"

"Ja, bitte. Ich will wissen, was die Wahrheit ist. Wie kann ich herausfinden, was wahr ist und was nicht, Großvater Varmış?"

"Jedenfalls nicht, indem du hier sitzt, trinkst und weinst! Die Dinge, die dir auf dem Weg begegnen werden, den du gehen wirst, mögen selbst dir in der Vergangenheit verborgen geblieben sein. Aber wenn du anfängst, die Schönheit der Welt mit ganz anderen Augen zu sehen und mit den Ohren deines Herzens zu hören, wirst du die Wahrheit für dich selbst finden. Das Geheimnis der Liebe liegt nicht nur in den zwischenmenschlichen Beziehungen, die wir erleben. Das Geheimnis der Liebe liegt darin, dass du deine Augen, deine Ohren, dein Herz und deine Seele für die Reise, die vor dir liegt, offen hältst und sie in ihrer Ganzheit erkennst".

"Ich glaube, ich verstehe, was du meinst", sagte Giden mit leuchtenden Augen.

"Zu verzweifeln und den Glauben an die Liebe zu verlieren, ist die schlimmste Form der Entmenschlichung", sagt Großvater Varmış.

Giden kann nicht mehr still sitzen. Sie erwacht aus ihrem Traum, steht auf, umarmt ihren Großvater und küsst ihm respektvoll die Hände.

"Entschuldige mich, Großvater. Ich möchte nicht mehr hoffnungslos sein. Und wenn ich es richtig verstanden habe, habe ich noch einen langen Weg vor mir."

"Dieser Weg ist so lang, wie du sagen kannst, dass du verliebt bist, und er ist so schmal, dass du nicht vom Weg abkommst, mein Kind."

"Verzeih mir, Großvater, dass ich deine Worte so lange nicht gehört habe."

"Ich verzeihe dir, mein Kind. Ich wünsche dir viel Glück und einen offenen Geist auf deinen Wegen. Eines muss ich dir noch sagen: Eines Tages wirst du auf diesem Weg jemanden treffen. Auch wenn du ihn noch nicht kennst, wird dir die Person sehr vertraut vorkommen und du möchtest ihr alles erzählen, was in dir vorgeht. Erzähle ihr alles. Erzähle ihr von deiner Liebe, von deiner Zuneigung zur Liebe und auch von den Schmerzen, die du bisher auf deinem Weg erfahren hast. Erzähle ihm alles, damit er dein Weggefährte wird. Auf dem Weg, den du jetzt gehst, sind die Schönheiten entstanden, die ich in mir trage. Sie haben sich entfaltet und sind groß geworden wie ein Baum. Und nun ist die Zeit gekommen, dass aus diesem Baum frische Triebe wie du geboren werden. Sprossen, die zur Rückkehr der Liebe in diese Welt führen. Wir sind ein Band der Liebe in dieser Welt. Eine

Brücke für sie, für die sie nur die Würdigen auswählt! Darauf sollten wir stolz sein."

Gezen wird auf seine Reise geschickt...

"Das Ankommen ist die Frucht des Gehens und das Gehen die Frucht des Ankommens. In der Liebe gibt es kein Ankommen und kein Dahingehen. Solange man an die Liebe glaubt, ist man immer bei ihr; ist sie immer gegenwärtig. Nur Menschen, die fern von der Liebe leben, gehen zu ihr und suchen sich selbst oder fliehen sogar vor sich selbst und versuchen so, an einem Ort anzukommen, der sogar der Hölle nahe ist. Solchem Wahnsinn nachzugehen, ist nur etwas für die sterblichen Menschen."

Wie immer findet die Tante Eremit, die Gezen Tante Ermiş nennt, die richtigen Worte und spricht die Sprache der Wahrheit. Gezen kommt wie jeden Tag zu Ermiş Hanım und lauscht ihren Gesprächen. Besonders gerne hört er ihren Geschichten über die Liebe zu. Gezens Erlebnisse in der Vergangenheit haben ihn verwirrt, gebrochen und vor sich selbst fliehen lassen. Gezen, der bis hierher zu ihr geflohen ist, hat immer noch das Gefühl, weiter fliehen zu müssen. Der Fliehende kommt nie an. Deshalb bleibt er in dieser Stadt, in der auch Tante Ermiş lebt, müde von der ständigen Flucht und aus anhaltendem Trotz. Er bleibt und hört sich fast täglich ihre Vorträge über die Liebe an.

Gezen sagt zu Tante Ermiş: "Sehen Sie, die ganze Zeit ist vergangen, ich laufe immer noch vor mir selbst weg!" Und wieder sagt Gezen dies in einem harmlos geglaubten Delirium.

Frau Ermiş war wie immer wütend über diese Worte Gezens, aber sie verstand auch, was er meinte.

"Ich weiß, mein Sohn, ich weiß, was machst du sonst jeden Tag hier?"

Auch wenn Gezen ihr immer antwortete: "Ich finde Frieden mit dir, was soll ich tun?", reagierte Frau Ermiş mit den Worten: "Meinst du nicht, es ist an der Zeit, dass du in dir selbst Frieden findest, Gezen?"

"Du sprichst, als ob dir meine Anwesenheit unangenehm wäre."

"Das ist nicht wahr, mein Sohn. Aber wie lange kannst du noch vor dir selbst weglaufen?"

"Vielleicht so lange, bis ich mich selbst vergesse und nicht wiedererkenne", sagt Gezen etwas zornig.

"Du bist von Land zu Land gereist, nur um deine eigene Stimme nicht zu hören, du hast auf alle gehört, nur nicht auf dich selbst, und du hast bis heute auf mich gehört. Es ist an der Zeit, dass du auf dich selbst hörst, auf dein eigenes Herz, Gezen!"

"Pah! Gezen und sein Herz sagen nicht das, was ich hören will!"

"Du hast mir immer zugehört. Hast du denn nichts gelernt? Und hast du je versucht, auf Gezen zu hören?"

Gezen rümpfte die Nase, verschränkte die Arme und schwieg. Frau Ermis hingegen, die ihm trotz allem gerne erzählt, was sie weiß, versucht es noch einmal. Aber sie muss eindringlich sein. Sie sagt ihm, dass eine Reise auf ihn wartet. Und es gibt einen guten Grund dafür, für ihn und für die Menschen dieser Welt. An jenem Morgen war es ein leises

Flüstern des Windes, der mit den ersten Strahlen des anbrechenden Tages wehte, und es war dieser Wind, der die Worte der Liebe zu Tante Ermiş trug. Dieses Rauschen war ein Befehl der Liebe an die Welt. Tante Ermiş gehört zu den Auserwählten, die es hören und wissen können.

"Sohn. Ich habe dir etwas zu sagen."

"Sag mir, was es ist, Tante Ermiş", sagt Gezen und legte sich auf die Seite, als warte er auf eine Rede von Tante Ermiş.

"Mein Sohn. Bitte setz dich aufrecht hin. Was ich dir zu sagen habe, ist wichtig, ich möchte, dass du es ernst nimmst!"

Gezen setzte sich augenblicklich respektvoll aufrecht hin und hörte neugierig zu, was Tante Ermiş ihm zu sagen hatte.

"Auf dich wartet eine Reise, mein Sohn."

"Eine Reise?", fragt Gezen neugierig.

"Ja. Es gibt eine Reise, du musst ihr folgen und jetzt aufbrechen."

"Aber ich bin sehr glücklich hier. Vergiss die Reise lieber schnell", sagt Gezen und winkt abweisend mit den Händen, als interessiere ihn das Gesagte nicht.

"Bist du hier glücklich, nur mit mir an deiner Seite?", fragt Tante Ermiş mit Nachdruck.

"Ja, ich bin glücklich mit dir, was ist denn daran falsch?"

"Ich spreche von einer Reise, damit du auch mit dir selbst glücklich bist."

Gezen hört immer noch nicht gänzlich zu, was seine Tante Ermiş sagt, aber neugierig ist er trotzdem geworden. "Was für eine Reise erwartet mich, Tante Ermiş?"

"Ein Weg, den du mit jemandem teilst."

"Was? Willst du mich etwa verloben?", sagt Gezen und grinst frech.

"Fangen wir nicht wieder damit an", sagt Tante Ermiş. Gezen wollte sowieso nicht heiraten.

Gezen lacht. "Wo soll ich denn hin, ich komme doch vom Reisen!"

"Was hast du denn auf dieser Reise gefunden?"

"Nun, ich habe zum Beispiel dich gefunden." Gezen lacht.

"Das stimmt, aber es ist Zeit, sich selbst zu finden, weißt du."

"Eigentlich hast du recht. Ich habe es auch satt, immer auf der Flucht zu sein. Es ist anstrengend und führt wahrscheinlich nirgendwohin. Aber kannst du mir sagen, warum das ausgerechnet jetzt, heute, passieren muss, Tante Ermiş?"

"Der Grund ist ein Geheimnis, dass die Liebe für sich behält. Auch ich kann es dir nicht sagen. Ich weiß nur, dass sie diesmal dich auserwählt hat."

Gezen fragt mit großen Augen: "Mich? Und warum und wofür?"

"Das wirst du auf deiner Reise erfahren, mein Sohn."

"Hätte ich das nicht jetzt lernen können?"

"Es ist Zeit für die Reise. Steh bitte auf, vertraue mir, vertraue dir selbst und vor allem vertraue der Liebe."

Gezen war sehr verwirrt über das, was er hörte. Er zog sich in sein Zimmer zurück und dachte in der Stille seines Zimmers eine Weile über das nach, was Tante Ermiş gesagt hatte. Es war ein schöner Gedanke, den Weg der Liebe zu gehen, ein Weg, den jeder gehen sollte, dachte er. Sein Herz begann vor Aufregung zu klopfen, und nachdem er eine Weile darüber nachgedacht hatte, beschloss er, sich auf den Weg zu machen, und begann, seine Sachen zusammenzupacken.

Tante Ermiş kam zu Gezen, nahm ihn beim Arm und sagt zu ihm

"Die Liebe will, dass ihre Verse in die Welt und in die Herzen der Menschen zurückkehren."

"Die Verse der Liebe? Was sind das für Verse?"

"Es ist eine Verbindung der Liebe mit dieser Welt."

Gezen fragt erstaunt: "Soll ich etwa diese Verse aufschreiben?"

"Du brauchst mit deinen Händen nichts zu schreiben, wenn du auf ihrem Weg gehst."

"Das verstehe ich nicht."

"Die Verse der Liebe sind schon geschrieben. Du wirst dich selbst, ihn und seine Worte verstehen. Und ihre Botschaft, sie ist immer zeitgemäß und spricht nur das an, was die Menschen am sehnlichsten brauchen!"

"Bin ich bereit, das zu hören und zu verstehen?"

"Die Liebe hat dich für würdig befunden. Ich stelle ihre Entscheidung nicht in Frage."

"Wo ist der Weg, den ich gehen soll? Was ist die Richtung?"

"Der Weg ist der Weg des Lichts. Folge ihm einfach."

Gezen findet Gelassenheit und Mut in den Worten von Tante Ermiş. Es ist Zeit, dass sich die Verse der Liebe der Welt offenbaren. Auf diesem Weg des Friedens gibt es für ihn kein Zurück mehr...

in Fluss der Liebe

Die Wahrheit soll als Wahrheit erkannt werden und die Lüge als Lüge. Es gibt keine Wahrheit ohne Lüge und keine Lüge ohne Wahrheit, es gibt keine Sünde ohne gute Taten und kein Böses ohne Güte. Ich glaube, wo Licht ist, ist auch Schatten nicht weit. Die Liebe gibt die Kraft, das zu unterscheiden.

Die Beziehungen, die die Menschen in dieser falschen Welt leben, sind wie Lügen, die in der Nacht verborgen sind, und ihre Beziehungen verschwinden wie die Dunkelheit der nächtlichen Finsternis dieser vergänglichen Welt. Nichts Vergängliches kann die Realitäten der Ewigkeit erreichen. Das ewige und leuchtende Antlitz der Liebe wird immer im Licht des Tages mit seinen Wirklichkeiten gesehen. Solange die Menschen das Licht der Wahrheit sehen wollen, indem sie ihre Augen von der Lüge abwenden. Mit diesen Worten von Varmış Dede und den Lehren, die sie auf diesem Pfad gezogen hat, ist Giden längst auf dem spirituellen Weg der Erleuchtung. Sie gewöhnt sich sogar an den neuen Frieden, den ihr die Stille ihres Geistes schenken kann, eine Stille, vor der sie sich früher so gefürchtet hatte. Auf ihrem Weg beobachtet sie die Wiesen, das Gras, die Sonne, den Mond und die Wunder, die die Natur vielen Augen nur durch den Spalt eines Vorhangs offenbart.

Den Zauber dieser Wunder teilt die Natur in ihrer ganzen Pracht nur mit denen, die sie sehen können. Es musste eine Kraft geben, die das Zusammenspiel des Lebens aller Wesen voneinander abhängig machte. Diese Kraft hieß Liebe.

Auf ihrer Reise vertieft sie sich in ihre Gedanken und befreit sich nach und nach von dem Schmutz in ihrem Herzen. Eines Tages kommt sie in eine Stadt. Dort bleibt sie eine Weile, ohne mit jemandem zu sprechen, und bewahrt ihr Schweigen wie ein Gelübde. In diesem Schweigen, aber mit den Augen und dem Herzen sprechend, begegnet sie jemandem. Undd dieser Mann, dem sie begegnet und den sie liebt, löst die Schlösser auf ihrer Zunge, die Knoten in ihrem Herzen und die Fesseln an ihren Füßen. Am Ende empfindet sie Liebe für diesen Mann, und die beiden gehen eine Affäre miteinander ein.

Ihre Beziehung hält nicht lange, aber die Erfahrungen, die sie auf ihrem Weg macht, sind für sie von großem Wert. Wie immer gibt es Gründe für die Trennung. Und wieder ist es die Lüge, die sich wie eine Schlange um ihren Hals windet und diese Zweisamkeit erstickt und tötet. Was ist einfacher, als in einer Welt voller Lügen die Lüge als Entschuldigung zu akzeptieren? Aber abgesehen von diesem Ende der Zweisamkeit lernt sie gleichzeitig die wertvolle Lektion, die Varmış Dede erwähnt. Sie verlässt die Stadt mit dem Schmerz der Trennung, aber mit dem Stolz ihrer Liebe. Nach einer Weile des Wanderns durch die Natur und die Städte setzt sie sich auf eine leere Bank an einem stillen Bahnhof. Ein Mann mit einem schönen Gesicht kommt und setzt sich neben sie. Sie betrachtet den neben ihr sitzenden Fremden eine Weile und fragt ihn nach seinem Namen. Der Fremde schaut sie an und antwortet ohne zu zögern:

"Mein Name ist Gezen."

"Und ich bin Giden."

"Freut mich, dich kennen zu lernen, Gezen."

"Ich glaube, ich freue mich auch. Warum auch immer!"

Giden fasst sich ein Herz. Sie fragt den Fremden, von dem sie bisher nur den Namen kennt: "Darf ich dir etwas verraten, Gezen?"

Gezen sagt zu Giden, der ihm nicht fremd zu sein scheint: "Natürlich, schieß los!

"Nun, ich möchte dir meine Geschichte erzählen, wenn du sie hören willst."

"Ich höre gespannt zu!"

Giden bedankt sich und beginnt zu erzählen...

"Weißt du, Gezen, ich habe mich einmal in jemanden verliebt, mich von ihm getrennt und das Gefühl, das ich für den Schmerz der Liebe hielt, sogar gehasst. Dann sagte mir mein Großvater, dass die Liebe eine große Wahrheit ist, ein Ganzes, das alles umfasst. Das schien damals meiner Logik fremd zu sein, aber es war, als hätte eine starke Stimme in mir immer gesagt, dass es wahr ist. Dann schickte er mich auf eine lange Reise. Auf dieser Reise geschah etwas, was ich mir anfangs nicht vorstellen konnte. Ich blieb in einer Stadt und konnte mich wieder jemandem mit Liebe nähern. Es war wie ein Wunder. Und mit ihm habe ich die Liebe diesmal ganz anders erlebt. Aber dann trennten wir uns und das war das Ende. Eigentlich war es eine bittere Erinnerung, aber lass mich von der wertvollen Erfahrung erzählen, die ich gemacht habe. Ich möchte dir von den vielen Worten erzählen, die ich ihm sagen wollte, bevor ich ihn verließ. Ich wollte sogar seinen Fehler und ihn selbst verfluchen, aber stattdessen sprach ich zu ihm mit Worten, die aus meinem Herzen kamen, mit der wahren Sprache meiner Liebe. Es war mir wichtiger, meinen inneren Kampf zu beenden, als ihm aus Bitterkeit ins Gesicht zu sagen, was ich als Mensch sagen wollte. So sagte ich aus meinem Herzen zu ihm: Erinnerst du dich? Ich habe dir gesagt, du sollst nicht mehr von Trennung sprechen. Denn ich wollte nicht, dass du gehst. Ich bin wieder in den guten Tagen. Ich bitte dich, mach dir keine Gedanken darüber, ignoriere es einfach. Ich ertränkte meinen Kummer über unsere Trennung im Wasser dieses Meeres, indem ich eine Flasche Wein nach diesem Meer benannte. Was ich für den Schmerz der Liebe hielt, wollte ich auf dem Grund der Rakı-Flaschen verbrennen, die ich Feuerbrunnen nannte. Aber diesmal gelang es mir jedoch nicht.

Ich erkannte, dass es nicht die Liebe war, die den Schmerz verursachte. Es ist, als ob wir den Abschied der Liebe von einem Menschen so empfinden wie den Abschied unserer Seele von unserem Körper, aber auch dieser Schmerz ist in Wirklichkeit der Abschied von den Körpern, die wir zu besitzen glauben. Es sind die sterblichen Körper, die uns in dieser falschen Welt verlassen und sogar unter die Erde gehen. Die Liebe ist immer ewig wie unsere Seele, die sie anspricht. Wenn wir uns auf diese Weise an das wahre Gesicht der Liebe erinnern, scheinen wir in die schönen Erinnerungen an das, was wir erlebt haben, einzutauchen. Es ist, als würden wir in einem grünen Tal in einen Fluss eintauchen. Auch wenn wir nicht wissen, wohin der Fluss uns führen wird, lassen wir uns von der Strömung des Wassers treiben. Warum also lassen wir uns nicht genauso treiben, wenn die Liebe selbst bei uns ist, wenn das Wesen, das wir lieben, direkt neben uns ist?

Sage nicht, die Liebe sei zu Ende! Der Abschied von einem Menschen bleibt der Abschied von diesem Menschen, und ist dieser Abschied nicht die Chance für uns, einen neuen Menschen in unser Leben zu lassen? Von Zeit zu Zeit haben wir das Gefühl, dass uns die Liebe mitten in der Beziehung, die wir leben, verlässt. Man rebelliert sogar gegen das, was man als Ungerechtigkeit empfindet. Aber der einzige, der dafür verantwortlich ist, bist wieder du, der Mensch!

Vielleicht wirst du es verstehen, wenn du seiner wieder würdig bist, wenn die Liebe kommt und dich wieder annimmt. Versuche nicht, seine Treue zu messen, indem du ihn auf diesem Weg in Frage stellst. Auch das habe ich auf diesem schwierigen Pfad gelernt und verstanden, dass selbst die Partnerschaften, die wir in der Hoffnung auf ein nie endendes Miteinander pflegen, meist nur durch die Versprechen, die wir in der vergänglichen Welt geben, am Laufen gehalten werden. Das Gefühl der Unzulänglichkeit, das wir empfinden, wenn wir uns wünschen, dass die schönen Momente, die wir erleben, ewig bleiben, wenn wir Versprechungen machen, wenn wir uns auf das Schicksal verlassen, selbst wenn wir versprechen zu heiraten und uns an die gesellschaftlichen Regeln unserer verlogenen Welt zu halten, um die Lüge hinter einem weißen Vorhang zu verstecken, kommt daher, dass wir diese Dinge oft nicht aus Liebe tun, sondern um unser eigenes Ego zu befriedigen. Wann haben wir vergessen, dass es nur eine Kraft gibt, die unser Zusammensein aufrechterhalten kann?

Die Menschen sind gezwungen, ihre Sterblichkeit zu erfahren und zu begreifen, ob sie bitter oder süß ist. Aber der wahre Weg besteht darin, auch diese Wahrheit zu akzeptieren. Um von diesem Schmerz der Trennung von der Illusion gereinigt zu werden, ist die Liebe, die in den Versen der Liebe geschrieben steht, der einzige Weg. Diese Verse müssen gelebt werden, deren Urteil und Gesetz niemals aufgehoben werden!

Dies alles nun verstehend, sage ich dir, dass ich meine Liebe zu dir wirklich geliebt habe, um dessentwillen, der dich erschaffen hat. Die Liebe, der ich jeden Tag besser zu folgen lernte, hat mich dies gelehrt. Es waren nicht deine Worte, es waren nicht deine Augen, es war nicht das Feuer, das deine einzigartigen Berührungen in meinem Körper entfachten, die mich dies lehrten. Es war die Liebe, die ich für diese Worte, diese Augen und diese Berührungen empfand, die mich jedes Mal glücklich machten und mich in diesem Feuer, das du entfacht hast, atmen ließen. In der eisigen Dunkelheit der Nacht, jedes Mal, wenn du mich berührt hast, habe ich in der Lüge meinen Tod vorgetäuscht.

Dann, im ersten Licht des Morgens, wurde ich ins Leben zurückgerufen, und dieses Licht enthüllte die Wahrheit. Aber zur gleichen Zeit fühlte ich mich wie ein Leichnam, der gezwungen war, das Gesicht der Unmöglichkeit unseres Zusammenseins zu betrachten. Ich erkannte, dass ich nicht das DU vermissen würde, das ich mit DIR gelebt hatte, sondern das Glück, das ich ohne Dich gelebt hatte. Auch wenn du nicht mehr da bist, auch wenn die Menschen der Vergangenheit nicht mehr da sind, auch wenn die Menschen der Zukunft eines Tages nicht mehr da sein werden, auch wenn meine Familie und meine Freunde nicht mehr da sind, auch wenn es niemanden mehr in meinem Leben gibt, die Liebe wird mit dem Licht der Wahrheit immer bei mir bleiben. Nach dem Weggang dieser Menschen, manchmal trotz allem, ist es die Liebe, die wir für sie empfinden, die unsere Verbindung mit ihnen aufrechterhält.

Die einzige Wahrheit, die in meinem Leben vor und nach dir geblieben ist, ist die Liebe. Sie verlangt, dass du dich von allen Lügen reinigst, bis sie die einzige Wahrheit in deinem Leben bleibt. Wir müssen unser Herz für die Liebe rein halten. Das ist unsere Pflicht. Was für ein schöner Gast ist sie, die Liebhaberin der Reinheit des Herzens und die Rednerin der Wahrheit!

Wenn die Menschen bereit sind zu hören, dann ist es die Liebe, die bedingungslos und vorbehaltlos die Wahrheit sagt! Die Liebe lügt nicht, sie täuscht nicht, sie betrügt nicht. Nur der Mensch betrügt den Menschen. Der Mensch glaubt zu lieben, betrügt, nennt sich Liebender und betrügt wieder. Wenn ein Mensch um der Liebe willen, die er mit einem anderen lebt, seine Zweisamkeit, seine Beziehung und sogar seine Ehe aufs Spiel setzen kann, soll ich dann die Liebe in Frage stellen oder die Person, die Ehe, die Versprechen, die Verlobung? Es ist nur der Mensch, der andere verurteilt, verbrennt und sogar tötet, im Schmutz der Täuschung und der Lüge. Es ist niemals die Liebe, die Böses tut. Niemand sollte es wagen, in einem solchen Zusammenhang die Liebe zu verurteilen. Die Menschen können es sich ohnehin nicht leisten.

Während wir uns manchmal bemühen, selbst die Namen derer, die unser Leben verlassen haben, aus unserem Gedächtnis zu streichen, sorgt die Liebe dafür, dass die anderen, die sie vor dich bringt, immer noch einen Platz in diesem einen verwundeten Herzen finden. Sie sorgt dafür, dass wir uns neue Namen merken, Gedichte an den Himmel schreiben und Lieder singen, die die Farben des Regenbogens beschreiben. Die Menschen mögen unterschiedliche Gesichter haben, unterschiedliche Charaktere, unterschiedliche Sprachen, aber das, was sie tun, um die Liebe zu leben, folgt fast immer dem gleichen Drehbuch. Aber auf ihrem Weg finden diejenigen, die versuchen, andere Hüllen für die Liebe zu erfinden und sie darin zu kleiden, manchmal nicht das, was sie erwarten, sondern das, was sie nicht erwarten, und sie rebellieren sogar, wenn sie erkennen, dass sie einer Lüge nachjagen. Aber mal ehrlich: Würden die Raki-Händler ohne diese Art von Rebellion nicht bankrott gehen?

Niemand könnte Lieder verkaufen, die angeblich von der Liebe handeln, in Wirklichkeit aber die Liebe verfluchen, wenn nicht die Nachwirkungen sterblicher Beziehungen von Rebellion erfüllt wären, nicht wahr? Diesmal habe ich nicht wieder gegen die Liebe rebelliert. Ich war mit ihr verbunden, lebte nichts anderes als meine Freiheit auf dem Weg der Liebe. Ich bin nicht den Irrwegen gefolgt, auf denen ich nur nach der Erfüllung meiner Erwartungen und Sehnsüchte suchte. Wenn ich mit dir allein war und deine Lüge im Dunkel der Nacht verschwand, liebte ich unsere Liebe in ihrem reinsten und fruchtbarsten Zustand.

Nach meiner letzten Enttäuschung mit einem Mann hatte ich sogar Angst, mich jemals wieder zu verlieben. Seitdem ich auf diesem Pfad der Liebe näher gekommen bin, habe ich erkannt, dass alles, auch das, was ich mit dir erlebt habe, nur eine neue Etappe auf meinem weiteren Weg ist. Nur durch die Realitäten der Liebe können wir erleuchtet und an sie erinnert werden, nicht durch die Erkenntnisse aus einer Beziehung, das habe ich jetzt verstanden. Während ich versuchte, das wahre Licht der Liebe zu erreichen, habe ich vielleicht meinen Stolz in den Augen der Menschen mit Füßen getreten, aber ich habe auf diesem Weg gelernt, dass die Liebe das schmeichelhafteste Gefühl ist, dem es wert ist, bedingungslos zu folgen. Allah sei Dank! Dank ihm ist ein Licht in mir, dass zu mir spricht und mich die Wahrheit lehrt: Und ihr Name ist Liebe!

Die Verse der Liebe haben neben ihrer universellen Gesetzmäßigkeit immer auch eine persönliche Bedeutung für jeden Menschen. Der Weg, den du gehen sollst, ist dein Weg, der Weg, den ich gehen soll, ist mein Weg. Willst du es nicht von mir hören, so frage die, die vor mir die Liebe mit leuchtenden Worten beschrieben haben, lerne von ihnen. Hast du jemals von einem Reisenden der Liebe namens Khailil Gibran gehört? Hast du von Nazim Hikmet gehört, hast du seine Schriften gelesen? Kennst du die Gedichte von Pir Sultan Abdal? Lies und erkenne die Liebe zwischen den Zeilen, die sie geschrieben haben. Die Zeilen, die aus den Versen der Liebe stammen. Lies, wie sie die Liebe zum Ausdruck gebracht haben. Sie haben immer versucht, uns die Geheimnisse der Liebe zu vermitteln. Und wie schön haben sie es geschrieben! Jede Zeile der Verse der Liebe, die wir lesen, öffnet den Vorhang der Geheimnisse. Jedes Werk, das über die Liebe geschrieben wird, ist ein neues Experiment, die Liebe auszudrücken. Jede Zeile, die aus dem Wunsch geboren wird, sie auszudrücken, wird immer ein schönes Bemühen sein, die Realität der Liebe auszudrücken. Ich kann dir nur sagen, was ich in mir selbst erfahren habe. Ich habe eine reine Liebe erlebt, trotz dir. Ich bin glücklich, ich bin zufrieden. Ich habe erkannt, dass die Liebe, von der selbst ich dir erzählen kann, nur so viel ist, wie die Liebe mir erlaubt, dir zu erzählen.

Der schönste Besuch ist der Besuch der Liebe eines reinen Herzens!

(Hasan H. Aydogan)

Liebe gleicht dem Mitgefühl einer Mutter, die ihrem Kind eine Schüssel Suppe hinstellt, wenn es krank ist. Liebe ist, wenn ein kleines Kind ihre Eltern ganz fest umarmt, ohne etwas von ihnen zu erwarten. Liebe ist, wenn du einer Blume Wasser gibst und sie dich mit ihrer Schönheit beschenkt. Ich habe dieses Gefühl auf meinen Pfaden entdeckt und ihre Schönheit erlebt! Ich habe es mit dir erlebt, ich habe es ohne dich erlebt und jetzt bin ich auf dem Weg, es auf andere Weise zu erleben. Ich dachte, der Weg zu ihr sei hinter hohen Bergen verborgen, die wir Hindernisse nennen. Aber die Liebe erkennt weder die irdischen Berge noch andere Hindernisse als Ausrede an, sie nicht zu erreichen. Auch wenn unser Hindernis auf dem Weg zu unserer Zweisamkeit die schmerzliche Tatsache ist, dass du verheiratet bist, so kennt die Liebe auch dieses Hindernis nicht. Sie gibt uns die Kraft und den Mut, Hindernisse zu überwinden und allen Widrigkeiten zu trotzen. So lang und schmal der Weg auch sein mag, ich werde ihn gehen. Ich werde den Weg gehen, den Aşık Veysel mit diesen Worten ebenso treffend beschrieben hat. Vielleicht vergesse ich Dich eines Tages auf diesem Weg, aber die Liebe werde ich nie vergessen! So, Gezen, das ist meine Geschichte, die ich mit dir teilen wollte...".

Giden schweigt einen Moment, nachdem sie Gezen ihre Geschichte erzählt hat. In ihrer Welt, in der es keine Zufälle mehr gibt, findet sie sofort Gefallen an dem Fremden namens Gezen. Obwohl nur sie gesprochen hat. Neugierig schaut sie ihm in die Augen und fragt sich, wie er wohl auf das, was sie erzählt hat, reagieren wird. Gidens Geschichte berührt Gezen sehr. Er hat noch nie jemanden getroffen, der so etwas mit so viel Gefühl erzählen kann. Egal, wer es war, er wäre an seiner Stelle gerührt gewesen, als er die Geschichte gehört hätte. Zwischen den Zeilen fand Gezen sogar seine eigene Lebensgeschichte wieder. Beide warteten am Bahnhof auf ihre Züge. Ihr erregtes Blut und ihre angeregten Gedanken strömten gleichzeitig durch sie hindurch. Von einer Menschenseele, die ihre Gefühle so rein und klar auszudrücken vermochte, konnte Gezen auf seinem Weg der Liebe noch viel lernen. Obwohl er sie gerade erst kennen gelernt hatte, schloss auch er sie sofort in sein Herz.

"Wohin du auch gehst, nimm dieses wundervolle Lächeln und deine bezaubernden Gedanken mit dir, meine Schönheit. Diese lächelnden Augen, die die Liebe wie ein Spiegel in die Welt zurückwerfen", sagt Gezen mit dem schönsten Wohlwollen, das ein Mensch aufbringen kann.

"Ich danke dir, Gezen. Danke, dass du mir zugehört hast, obwohl du mich gerade erst kennen gelernt hast!"

"Weißt du, Giden, du hast etwas an dir. Irgendwie habe ich das Gefühl, dass wir uns schon einmal begegnet sind."

Giden schaut Gezen von unten nach oben an, mit einer Kasımpaşa-Rüpelhaftigkeit, die zu ihrer unglaublichen Schönheit noch hinzukommt. Varmış Dede sagte ihr, sie solle ihre Geschichte der ersten Person erzählen, die sie trifft und mit der sie sich vertraut fühlt. Diese Person würde ihr zuhören, denn sie wisse, dass es die richtige Person sei!

Giden lächelt. "Was glaubst du, woher wir uns kennen?"

Gezen liebt diese ungehobelte und zugleich zarte Schönheit, die sich auch in Gidens Art zu sprechen widerspiegelt.

Er sagt: "Die schönen Worte, die du über die Liebe sprichst, sind die Worte der Gefühlswelt, in der auch ich mich befinde. Vielleicht kennen wir uns von diesem Ort der Seele!"

"Ich glaube, du hast Recht! Wir sind zwei Reisende, die dem gleichen Licht entgegengehen. Reist du in meine Richtung?"

"Wohin, in welche Richtung reist du?"

"Ich bin ein Passagier des Zuges, der in diese Richtung fährt. Du auch?"

"Nein, ich bin Fahrgast des Zuges, der in die entgegengesetzte Richtung fährt."

"Das spielt keine Rolle mehr, Gezen. Die Gefühle, die wir auf unseren Wegen empfinden werden, werden die gleichen sein."

"Meine Erfahrungen sind wie ein Spiegel deiner, aber irgendwie bist du auch anders als ich."

"Wo ist der Unterschied?", fragt Giden neugierig.

"Der Unterschied ist folgender: Du scheinst dich erinnern zu wollen, dich sogar finden zu wollen, während ich vor mir selbst davonlaufe. Ich hänge am Geschmack der Liebe, aber ich bin in den Meeren, in denen ich die Liebe erfahren habe, in stürmische See geraten. Ich bin es leid, immer wieder Schiffbruch zu erleiden und am Ende im selben Hafen festzusitzen. Einem Hafen voller Schmerz und Frustration", sagt Gezen.

"Das Schicksal desjenigen, der vor sich selbst flieht, ist die Leere in seinem Leben, aber kann man einen Hafen finden, in dem man der Liebe entkommen kann? Kann dein Körper ohne deine Seele leben? Gezen, wenn du lebst, kannst du immer noch lieben. Das heißt, du kannst immer noch ein Reisender der Liebe sein."

"Was hat das zu bedeuten?", fragt Gezen mit neugierigem Gesichtsausdruck.

"Wenn es keine Liebe gibt, existieren wir nicht, sagte mir mein Großvater.", antwortet Giden.

Bei diesen Worten hält Gezen einen Moment inne. Er schweigt und denkt über das Gesagte nach. Es waren Worte voll durchdringender Wahrheit. Schließlich sieht er den Zug, in den er einsteigen soll, in den Bahnhof einfahren. Er steht auf, schultert seinen Rucksack und streckt Giden die Hand zum Abschied entgegen. Es ist Zeit aufzubrechen. Dann nimmt er sie doch einmal fest in die Arme und drückt sie zum Abschied.

Dann sagt Giden etwas traurig zu Gezen: "Werde ich dich jemals wiedersehen, Gezen? Ich würde gerne eines Tages auch deine Geschichte hören!"

Gezen antwortet lächelnd: "Wer weiß. Vielleicht begegnen wir uns eines Tages in Liebe, so wie heute."

Gezen läuft auf die Türen des einfahrenden Zuges zu...

Die Wunder, die sie durch den Schleier der Liebe noch sehen und die Lektionen, die sie noch lernen würden, waren noch intensiver als ihr Erleben an diesem Bahnhof. Deshalb ist auch ihr Weg lang. Der Weg der Giden und der Weg des Gezen.

Die Fragen, auf die sie auf ihrer Reise in die verschiedenen
Himmelsrichtungen Antworten suchen, lauten:

Will die Liebe ein Versprechen?

Verlangt sie nach der Ehe?

Zwingt sie zur Zweisamkeit?

Regelt sie die Treue?

Fordert sie Vertrauen?

Der Besuch der Liebe

Auch die Liebe trauert um uns...
Die Liebe kam letzte Nacht zu mir.
Sie weckte mich aus dem Schlaf.
Sie fragte mich, warum ich ohne dich schlafe.
Ich sagte ihr, dass du nicht mehr bei mir bist.
Die Liebe fragte: "Warum nicht?"
Ich sagte: "Es gibt Hindernisse."
Die Liebe fragte mich:
"Was sind das für Hindernisse?"
Ich sagte: "Es sind unüberwindliche Berge."
Die Liebe fragte: "Na und?"
Ich sagte: "Es gibt Entfernungen."
Wieder fragte mich die Liebe: "Na und?"
Ich sagte: "Ich habe sie verloren."
"Habe ich dir die Liebe gegeben,
damit du sie wieder verlierst?"
Die Stille, die folgte,
war wie der Aufschrei der Liebe in mir...

(Hasan H. Aydoğan)

Liebe kennt keine Bedingungen

Der Zug, in dem Gezen seit einiger Zeit reist, fährt langsam in den Bahnhof einer Stadt ein. Das Rattern der Räder, als sie über die Weichen fahren, weckt ihn. Dabei schaukeln die Waggons hin und her wie eine Wiege. Er reibt sich die müden Augen und versucht, einen Blick nach draußen zu erhaschen. Sein Blick fällt auf die leeren Sitze im Bahnhof. Das Leben, das der einfahrende Zug dem Bahnhof einhaucht, währt nur so lange, wie die Menschen ein- und aussteigen. Die Menschen betreten und verlassen den Bahnhof durch ein verrostetes, schweres, altes Eisentor. Obwohl das Tor schon sehr in die Jahre gekommen ist, hat es in den Augen seines Besitzers wohl nichts von seiner Schönheit eingebüßt und ist immer noch in Betrieb.

Während Gezen noch müde nach draußen blickt, eilen die einen zum Zug, die anderen steigen aus und betreten ebenso eilig die Stadt, in der sie angekommen sind. Die Tür ist für kurze Zeit fast nie geschlossen und in dauerhafter Bewegung. In diesem Chaos läuft ein junges Mädchen zwischen den ein- und aussteigenden Menschen umher und versucht, den Fahrgästen Blumen zu verkaufen. Es gibt auch einen alten Mann, der an einem kleinen, armseligen Tisch Zeitungen und Zeitschriften verkauft und die Waren anpreist, die er den Leuten anbietet. So einen alten Mann gab es an jedem Bahnhof. Gezen erblickt einen Sesamkringel-Verkäufer, der durch die Fenster des Zuges Sesamkringel an die Fahrgäste verkauft. Auch ein kleines Mädchen, das dem Verkäufer auf Schritt und Tritt folgt, zieht Gezens Aufmerksamkeit auf sich. Das Mädchen kann seinen Blick nicht von den Sesamkringeln abwenden, die der Sesamkringel-Verkäufer auf seiner Schulter trägt. Offensichtlich ist sie vom Hunger gepackt.

Das Mädchen hat schlechte, alte Schuhe an den Füßen und ein geflicktes Kleid, das zu groß für ihren Körper ist. Ihr Haar ist mit einer weißen Schnur zusammengebunden, ihr Gesicht ist leicht verschmutzt. Sie versucht, dem Sesamkringel-Verkäufer etwas zu sagen, indem sie vorsichtig an dem Schweißtuch, dass aus seiner linken Tasche herausschaut zieht. Der Sesamkringel-Verkäufer fühlt sich dadurch sichtlich gestört und versucht von ihr wegzugehen, aber das kleine Mädchen folgt ihm hartnäckig. In dieser herzzerreißenden Szene des Hungers verharrend, beobachtet Gezen weiterhin aufmerksam das Geschehen. Dabei kann er von den Lippen des Kindes ablesen, dass es immer wieder den gleichen Satz sagt. "Kannst du mir einen Kringel geben?", scheint das Mädchen zu betteln. Als der Sesamkringel-Verkäufer merkt, dass das Mädchen ihn nicht in Ruhe lässt, dreht er sich wütend zu ihr um und beschimpft sie mit seiner Hand mit Gesten, die das kleine Mädchen sichtlich erschrecken. Er zeigt ihr mit der Hand die Ohrfeige, die sie gleich bekommen wird, wenn sie nicht schnell von ihm weggeht. Das kleine Mädchen ist erschrocken über diese Aggression des Sesamkringel-Verkäufers, aber aus Verzweiflung über ihren Hunger zeigt sie ihm ihre winzigen, leeren Hände und sagt: "Ich habe gar kein Geld." Der Sesamkringel-Verkäufer wendet sich wütend von dem kleinen Mädchen ab und geht weiter, während das Mädchen, dessen Hoffnung zerbrochen ist, stehen bleibt und traurig vor sich hin starrt. Für Gezen ist das zu viel und er steht auf. Hastig nimmt er seine Tasche vom obersten Regal und legt sie sich über die Schulter. Als er zur Tür geht, hört er den Pfiff des Wachmanns und beeilt sich, den stehenden Zug zu verlassen.

Die Tür ist schon fast geschlossen, als er dem Schaffner zuruft: "Einen Moment, ich muss aussteigen."

"Hören Sie, wenn Sie aussteigen, können Sie nicht wieder einsteigen", warnt der Schaffner wütend und versucht mühsam, die schwere Zugtür zu schließen. Jetzt muss er sie wieder öffnen.

"Keine Sorge! Es ist besser für mich, hier auszusteigen, als im Zug zu bleiben", und Gezen steigt durch die wieder geöffnete Tür aus.

Der Sesamkringel-Verkäufer will gerade mit seinen Kringeln, von denen er keines mehr verkaufen konnte, den Bahnhof verlassen, als er sieht, dass der Zug abfährt.

Gezen läuft ihm schnell nach und ruft: "Hey, Sesamkringel-Verkäufer! Bleib bitte kurz stehen!"

Der Sesamkringel-Verkäufer hört, dass ihn jemand ruft und geht mit einem fröhlichen Gesichtsausdruck auf den Rufenden zu. *"Oh Mann, ich werde einen Gewinn machen!"*, denkt er sich.

"Was kann ich Dir anbieten mein Freund?", fragt er den Rufenden.

"Was wollte soeben dieses kleine Mädchen von dir?", fragt ihn Gezen und deutet auf das kleine Mädchen. Der Sesamkringel-Verkäufer ist sichtlich verwundert über die unverhoffte Frage des Fremden.

"Es ist eine Welt auf Gegenseitigkeit, Bruder. Du weißt doch, keine Kringel und keine Liebe für die, die kein Geld haben. Das sind die Regeln der Welt, in der wir leben!"

Gezen wird sichtlich wütend, als er diese herablassenden Worte und das unwürdige Gesicht eines Sesamkringel-Verkäufers sieht. Das sind die Verkäufer, die wir normalerweise für hilfsbereit halten.

"Dann lass mich dir sagen: Für Liebe gibt es keinen materiellen Gegenwert, aber ein kleines Mädchen so zu behandeln, wird dich eines Tages teuer zu stehen kommen!", betont Gezen eindrücklich.

"Okay, Bruder. Ich glaube, ich habe einen Fehler begangen. Verzeih mir", erwidert der Sesamkringel-Verkäufer etwas beschämt.

"Verzeih dir zuerst selbst. Und jetzt sag mir, wie viel kostet ein Sesamkringel?"

Gezen bittet den Sesamkringel-Verkäufer um zehn Kringel. Nachdem der Verkäufer seine Kringel verkauft hat, geht er etwas nachdenklich weiter und verlässt den Bahnhof. Gezen ruft das kleine Mädchen zu sich und gibt ihr zu verstehen, dass die gekauften Sesamkringel für sie sind. Überrascht und lächelnd läuft das Mädchen sofort zu Gezen. Sie scheint zu verstehen, dass die Kringel gerade für sie gekauft wurden.

Sie fragt den Barmherzigen, der sie zu sich ruft: "Sind diese Kringel etwa alle für mich?"

"Sie gehören alle dir, meine Schöne. Nimm sie und fülle deinen Bauch."

Das kleine Mädchen umarmt die zehn Kringel, die zusammen fast so groß sind wie sie selbst, und schaut Gezen liebevoll an.

"Danke, danke", sagt das kleine Mädchen.

Mit kleinen Schritten geht sie voller Freude davon. Auf dem Bahnhof, wo er nun allein ist, spürt Gezen, dass Güte und Barmherzigkeit, ohne dass es jemand merkt, der Schönheit der Liebe und dem Licht des Mitgefühls zu verdanken sind.

"Ich muss diesen Städter kennen lernen, hoffentlich sind nicht alle Städter wie dieser Sesamkringel-Verkäufer", sagt er zu sich selbst.

Er schiebt die schwere, aber schöne Tür auf und verlässt den Bahnhof. In der Stadt beobachtet er die Menschen, die mit Einkäufen und Essen beschäftigt sind. Die Straßen sind voll. Er erkennt den Sesamkringel-Verkäufer, der mit einem Tee in der Hand vor einer Bäckerei sitzt. Gezen geht auf ihn zu.

Der Sesamkringel-Verkäufer ist überrascht, ihn zu sehen und scherzt: "Bruder, was ist passiert, hast du schon alle Kringel gegessen?"

"Habe ich etwa solch schlechte Manieren?", schimpft Gezen.

Der Sesamkringel-Verkäufer ist verlegen. "Nein, Bruder, vergib mir. Ich bitte um Verzeihung. Ich weiß nicht, ich dachte, du hättest die Kringel schon gegessen, als ich sie nicht in deiner Hand sah. Sag mir, was hast du mit all den Kringeln gemacht? Hast du sie den Tauben gegeben?"

"Haben dich die Tauben heute um Sesamkringel gebeten?", fragt Gezen.

"Nein ... Was meinst du damit, ich verstehe nicht, Bruder?", fragt der Sesamkringel-Verkäufer.

"Hat dich heute ein kleines Mädchen nach einem Kringel gefragt?"

"Ja, Bruder. Ich habe dir doch gesagt, dass sie jeden Tag kommen und uns umsonst um etwas bitten. Geld haben sie auch keins. Was sollen wir also tun?"

"Dann ist das, was sie wollen, nichts wert, oder?"

"Bruder, wie du gerade gesagt hast. Du hast gesagt, dass Liebe keinen Preis hat, du hast mich in Verlegenheit gebracht, aber haben unsere Kringel nicht wenigstens einen Verkaufspreis verdient? Hast du all diese Kringel für dieses Bettelmädchen gekauft?"

Gezen blickt ausdruckslos in das Gesicht des Sesamkringel-Verkäufers. Er antwortet nicht, denn er will nicht mit seinen Taten prahlen. Sein einziges Ziel war es, einem kleinen Leben eine Botschaft von Hoffnung, Menschlichkeit, Schönheit und Liebe zu vermitteln. Er wollte ihr zeigen, dass die

Welt nicht voller untreuer und schlechter Menschen ist, sondern dass es auch gute, barmherzige und liebevolle Menschen gibt.

"Bist du verheiratet?", fragte er den Sesamkringel-Verkäufer.

"Ja, Bruder, ich bin verheiratet."

"Kaufst du deiner Frau ab und zu Blumen?"

"Ja, Bruder, natürlich!"

"Und wenn du deiner Frau Blumen bringst, freut sie sich dann?"

"Natürlich freut sie sich. Ich habe ihr Blumen gekauft und sie ihr als Geschenk gebracht. Hätte die Dame mir sonst etwa mit leerer Mine ins Gesicht starren sollen?", sagt der Sesamkringel-Verkäufer.

Gezen holt eine Flasche Wasser aus seiner Tasche und trinkt einen Schluck.

"Ich glaube, du kaufst deiner Frau Blumen, weil du sie liebst, aber lass mich dir sagen, was ich meinte, als ich sagte, dass man Liebe nicht kaufen kann."

"Bruder, ich wäre dir dankbar, wenn du es mir sagen würdest, bevor der nächste Zug kommt. Das war mein einziger Gewinn vorhin", lächelt der Sesamkringel-Verkäufer.

"Es hängt von deinem Herzen ab, wie schnell du verstehst, was ich zu sagen habe."

Neugierig nähert sich der Bäcker dem angeregten Gespräch zwischen Gezen und dem Sesamkringel-Verkäufer, lässt seine Arbeit beiseite und beginnt, Gezen ebenfalls zuzuhören...

"Wenn du Zucker kaufst, schaut dir der Krämer auf die Hand, und wenn du Brot kaufst, schaut dir der Bäcker auf die Hand. Um zu sehen, ob du den Gegenwert für das bezahlst, was sie dir verkaufen. Leider gibt es in dieser Welt, in der wir leben, Menschen, die einem durstigen Pferd auf der Straße nicht einmal einen Schluck Wasser ohne Gegenleistung geben. Wenn man sich wünscht, dass derjenige, dem man Blumen schenkt, einen anlächelt, dann ist das die gleiche Gegenleistung, die man vom Krämer erwartet. Denn wir sind auch nur Menschen. Wir rühmen uns gerne unserer Taten, Gefälligkeiten, Geschenke und der Wirkung, die wir damit um uns herum erzielen.

Oft reicht uns nicht einmal der Dank, den wir dafür erhalten, sondern wir sind auch gerne stolz darauf und erzählen es fast jedem. Wenn die Menschen, die wir beschenken, sich nicht über unsere Gaben freuen, sind wir enttäuscht. Eine Gegenleistung zu erwarten, ist Besitzgier, und Besitzgier ist die Quelle eines der schlimmsten Gefühle des Menschen, der Eifersucht. Hütet euch davor, hütet euch vor ihr! Nichts von dem, was in dieser Welt mit der Erwartung einer Gegenleistung gegeben wird, kann jemals aus der Gnade der Liebe kommen! Wir müssen gereinigt werden von der Erwartung, dass das Gute und Schöne, das wir tun, zurückkommt. Die Hinwendung zur Liebe bewahrt uns davor, von den Menschen und von dieser Welt, in der wir leben, eine Gegenleistung für unsere Güte zu erwarten. Wenn man sich der Liebe zuwendet, hindert einen die Liebe daran, eine Blume pflücken und an ihr riechen zu wollen. Warum? Weil sie uns, während wir auf ihrem Weg gehen, lehrt, sie zu bewundern, ohne sie zu pflücken. Weil diese Blume, weil du ein Teil von ihr und ihrer Natur bist, auch eine Liebe für dich empfindet. Es ist diese Liebe, die uns die Lebewesen, gleich welcher Art, dort lieben lässt, wo sie sich befinden und, wie im Falle der Blumen, wo sie wachsen. So wie der Mensch, den du liebst, dieser Liebe würdig ist. Ich sage dies, damit ihr vielleicht eines Tages erkennt und erleuchtet werdet. Erleuchtet zu sein bedeutet zu glauben, dass es eine gemeinsame Sprache zwischen allen Wesen gibt. Und diese Sprache ist die Sprache der Liebe.

Ich bin ein Reisender auf dem Weg, diese wunderschöne Sprache der Liebe zu lernen. Ihr solltet wissen, dass das Glück, das ihr mit der Gegenseitigkeit erfahren werdet, kürzer sein wird als das Trocknen der Blumen, die ihr als Geschenk mitbringt. Seid dankbar für das, was ihr getan habt, mit der Liebe, die euch dazu bringen kann, diese Person zu lieben, nur weil sie existiert und nicht, weil sie die Fähigkeit dazu hat, Danke zu sagen! Auf diese Weise werdet ihr euch von dem Gefühl befreien, diesen Menschen zu besitzen. Du wirst das Glück erfahren, das du dank der Erlaubnis, alles in der Welt zu lieben, ohne Berechnung, ohne Erwartung und alles in Treue zur Liebe empfinden wirst".

Während Gezen diese Geschichten erzählte, sah er eine Frau und das kleine Mädchen von vorhin, die langsam auf ihn zukamen. Die Frau ergriff Gezens Hände und versuchte sie zu küssen, um ihre tiefe Zuneigung und Dankbarkeit auszudrücken.

Gezen zieht überrascht seine Hände zurück und fragt: "Halt, was machst du da?"

Die Frau schaute Gezen mit tränenden Augen an und sagt: "Mögen die Engel dich beschützen. Du hast meine Tochter vor dem Hungertod gerettet. Sie hat seit Tagen gehungert!"

Auch Gezens Augen konnten nicht trocken bleiben. "Ich bin nur ein Reisender in einer Welt, in der die Liebe bedingungslos ist", sagt er mit einem tiefen Atemzug und versuchte, sich zusammenzureißen.

"Was für ein wunderbarer Mensch du doch bist. Du hast ein Leben gerettet, das du nicht kennst und vielleicht nie wieder sehen wirst", sagt sie voller Dankbarkeit.

"Ich bin auf dem Weg der Liebe. In der Welt, in der ich lebe, verbindet uns die Liebe. Wenn ein Lebewesen hungrig ist, und ich weiß und sehe es, ist es meine Pflicht, Mitleid mit ihm zu haben, mein Brot mit ihm zu teilen und dies zu tun, ohne eine Gegenleistung zu erwarten. Lasst mich euch von der Welt der Liebe ohne Erwartung erzählen."

Das Mädchen lächelt den Sesamkringel-Verkäufer an. Trotz allem, was passiert ist, schaut sie ihm ins Gesicht. Er ist sehr beschämt über das, was er getan hat und was er jetzt hören muss, aber auch erleichtert, als er sieht, dass das Mädchen ihm vergibt. Er bietet ihr das kühle Wasser an, das er bei sich hat. Während die Zuhörer, nun zu viert, neugierig warten, nimmt Gezen einen weiteren Schluck von seinem Wasser und spricht weiter...

"Selbst wenn die Blume ihren Nektar der Biene überlässt, überlässt sie ihrerseits alles dem Strom der Liebe. Auch wenn die Biene den Blütenstaub, der an ihren Füßen klebt, nicht zu anderen Blumen trägt. Alles befindet sich in einem festen Kreislauf, in dem die Liebe uns miteinander verbindet. Diejenigen, die ohne Erwartungen aneinander leben, können einander nicht schaden. Die Blume würde nie die Biene vergiften, und die Biene würde nie die Blume pflücken und sie töten, nur um in Gier den Nektar zu trinken. In ihrem Respekt und ihrer Liebe für dieses gemeinsame Leben finden ihre Begegnungen in Liebe statt. Ohne daran zu denken, dass sie sich vielleicht nie wieder sehen werden.

Auch wenn die Biene in der Blüte keinen Nektar findet, trägt sie den Pollen, den sie von der Blüte gesammelt hat, zu anderen Blüten. In dieser Partnerschaft begegnen sie sich immer in Liebe. Sie vertrauen einander. Sie leben ohne Versprechungen und schriftliche Vereinbarungen. Vertrauen ist die erste Voraussetzung für bedingungslose Liebe. Heute wird jedoch eher die Dankbarkeit als Maßstab für das Vertrauen in einer Beziehung angesehen. Sind wir es nicht, die den Menschen, den wir lieben, manchmal brutal verletzen oder gar töten, wenn er entgegen unseren Erwartungen handelt oder uns sogar betrügt und damit unsere Erwartungen enttäuscht? In einer Welt voller Bedingungen und Erwartungen ist das der dunkelste Zustand! So wie wir das Gänseblümchen rücksichtslos ausreißen, es als Geschenk weitergeben, um eine Antwort auf unsere Erwartungen zu erhalten. Es ist die Erwartung der Gegenseitigkeit, die uns immer wieder von der Liebe wegführt und unsere Welt in Dunkelheit versinken lässt. Die Liebe hingegen ist das hellste Gesicht einer Welt, in der keine Gegenleistung erwartet wird. Dieses Licht erscheint manchmal auf dem Gesicht eines kleinen Mädchens. Es ist ein Licht, das man nur sehen kann, wenn man bereit ist, es zu sehen!"

Obwohl der Verstand des kleinen Mädchens das Gesagte noch nicht ganz begreifen kann, versteht ihr Herz alles, was gesagt wurde sehr wohl. Sie geht auf Gezen zu und öffnet ihm ihre Arme.

"Ich möchte dich umarmen, und ich umarme dich nicht als Gegenleistung, sondern weil mir danach ist und wegen der Liebe, von der du mir erzählt hast!", sagt sie und umarmt Gezen so fest sie nur konnte.

Als ihre Füße wieder den Boden berühren, hält sie mit ihren kleinen Händen die Hand ihrer Mutter und beide verlassen den Ort voller Dankbarkeit und Liebe. Sie drehen sich noch einmal um und winken zum Abschied. Gezen winkt mit einem Lächeln zurück. Er schaut ihnen mit mitfühlenden Augen nach. Angesichts dieser Schönheiten, die ihn tief berührt haben, sieht der Sesamkringel-Verkäufer, wie mittlerweile der dritte Zug, den er verpasst hat, den Bahnhof verlässt.

"Mein schöner Bruder, du hast mich erleuchtet, mein Herz, meine Augen. Ich kann dir nicht genug dafür danken, dass du mir gesagt hast, dass die Welt, in der ich bisher nach dem Zufallsprinzip gelebt habe, größer und schöner sein kann, als ich dachte und wusste!"

"Ich bin Zeuge dieser Worte, die du mit Liebe gesprochen hast, mein Bruder. Ich bin sicher, dass du einer der Reisenden der Liebe sein wirst. Wende dich ihr immer zu. Jedes Brot, das du mit Barmherzigkeit und Zakat den Armen gibst, wird dir die Tore der Liebe öffnen. Du wirst nicht mehr schlafen, wenn dein Nachbar hungert. Nutzt das, was euch gegeben wurde, und verrichtet eure Arbeit mit Liebe. Weiche nie von diesem Weg ab! Alles, was ich heute getan habe, habe ich mit Liebe getan. Ich habe es getan, weil ich dazu bestimmt war. Es gab Gründe und Menschen, die mich vorher erleuchtet haben! Sie haben mich dazu gebracht, diesen Weg zu gehen und euch zu treffen", sagt Gezen.

"Auch ihnen möchte ich danken, Bruder!"

"Das hast du! Siehst du, heute bist du des Lobes würdig, weil du bereit bist, uns dein Herz zu öffnen, dich mit uns der Liebe zuzuwenden!"

"Ich danke dir sehr, Bruder!"

"Ich muss jetzt gehen. Kann ich bei dir noch ein Kringel kaufen? Ich werde ihn als Reiseproviant für meinen Weg brauchen."

"Bruder, der Laden gehört dir!"

Gezen lächelt, nimmt den Kringel, dass frische Wasser der ihm ebenfalls geschenkt wurde und den Abschiedsgruß mit und geht zu Fuß auf den Gleisen, die den Bahnhof der Stadt verlassen, seinem Ziel entgegen. Wohin des Weges auch immer

Die Liebe ist nicht dort,

wo du erwartest, sie zu bekommen.

Sondern dort, wo du bereit bist,

sie zu geben.

(Anonym)

Die Ermaechtigung der Liebe

Gezen ist seit Tagen zu Fuß unterwegs und immer noch auf dem Gleisbett. Er ist müde von der langen Reise und seine Beine schmerzen. Er hat seinen Kringel gegessen und sein restliches Wasser getrunken; er hat nichts mehr zu essen und zu trinken. Die Gnade der Wolken, die die sengende Hitze der Sonne über ihm hinter sich verbergen, schützt ihn, aber dennoch braucht er eine lange und angenehme Rast. Er sieht, dass er sich einer neuen Stadt nähert. Seine Füße sind so müde, sie tragen ihn kaum noch. Er hält einen Moment inne. Da hört er plötzlich eine Stimme, die seinen Namen ruft. Er schaut sich um.

"Gezen, bleib stehen, Gezen!", die Stimme, die ihn ruft, kommt ihm gar nicht so fremd vor. Er dreht seinen Kopf in die Richtung der Stimme und sieht ein bekanntes Gesicht auf sich zukommen. Seine Augen strahlen vor Freude. Er ist ebenso glücklich wie überrascht, dieses bekannte Gesicht an diesem fremden Ort zu sehen. Diese Stimme ist die Stimme Gidens. In diesem Moment braucht Gezen die Nähe eines vertrauten Menschen ebenso wie das Mitgefühl der Wolken über ihm.

"So, Giden, meine Schöne. Wie schön, dich hier zu sehen! Aber was machst du hier?", fragt er sie.

"Bist du sehr überrascht, mich zu sehen?"

"Ja, natürlich bin ich überrascht! Wolltest du nicht in eine andere Richtung reisen, Giden?"

"Ja, aber dein Ruhm ist schneller als deine Schritte, Gezen. Er verbreitete sich in den Städten, in die ich reiste, und erreichte auch mich."

"Ich verstehe nicht", sagt Gezen mit einem Fragezeichen im Kopf.

"Es hieß, jemand habe zehn Sesamkringel für ein kleines Mädchen gekauft, das vor Hunger fast umkam. Sie sagten auch, dass dieser Mann den Leuten in der Stadt, die ihm zuhörten, die schönsten Worte über die Liebe erzählte, die sie je gehört hatten", erzählt Giden.

"Und warum haben sie das gesagt? Ich tat es einfach ... Nun, ich habe es für die Menschheit getan."

"Sei nicht zu bescheiden, Gezen, sonst könnte man dich für arrogant halten. Ich wusste sofort, dass sie von dir sprachen. Ich machte mich auf die Suche nach dir. Ich fand die Stadt, die deinen Ruhm zuerst verbreitete, und fragte sie nach dir. Du kannst dir gar nicht vorstellen, wie sehr sie sich gefreut haben, dass ich überraschenderweise nach dir gefragt habe und auf der Suche nach dir bin. Sie schickten dir

Grüße und Liebe und sagten mir, dass du in diese Richtung reistest. Gezen, glaube mir, ich bin sehr, sehr stolz auf dich. Und sie sagten das wegen deiner Güte, deiner Sauberkeit und der frohen Botschaften, die du ihnen überbracht hast. Also sprang ich auf den Zug und reiste dir nach. Ich sah dich aus dem Fenster des Zuges. Ich bin sofort am Bahnhof dieser Stadt ausgestiegen und zu dir zurück gelaufen, und ich kann es nicht glauben, hier bin ich, Gezen! Hier bin ich, endlich bin ich bei dir!"

Gezen ist sehr, sehr gerührt von diesen Worten.

Er sagt: "Erinnerst du dich, Giden? Als wir uns am Bahnhof trennten, wo wir uns zum ersten Mal begegneten, sagte ich dir, dass wir uns in Liebe begegnen würden. Dies ist der Moment dieser Begegnung!"

Er nimmt sie in die Arme und drückt sie fest an sich.

"Ich bin dankbar, dass die Liebe uns diesen Moment geschenkt hat."

Beide Herzen sind erfüllt von Glück und Frieden. In Gezens Seele erwacht ein neues Licht. In ihm wächst der Wunsch zu erzählen, was die Liebe uns lehren kann, welches Geheimnis die Verse der Liebe in sich bergen und welche Schönheiten sie den Menschen schenken kann, damit jeder sie kennen lernt und in sich aufnimmt, und er teilt es mit Giden.

"Ich verstehe, Giden. Ich verstehe sehr gut, was du sagst. Das ist unsere gemeinsame Aufgabe. Lass uns von nun an gemeinsam diese frohe Botschaft unter den Menschen verbreiten."

"Ich komme zu dir, aber vor allem komme ich zu dir, um deine Worte zu hören, ich habe viel von dir zu lernen", sagt Giden und geht mit Gezen in Richtung Stadt.

Diesmal scheinen ihre fließenden Schritte gemeinsam im Wasser der Liebe zu schwimmen, wie zwei Schiffe, die den gleichen Kurs eingeschlagen haben. Wie majestätisch sie doch sind.

Am Eingangstor der Stadt begegnen sie einem lächelnden alten Mann.

"O Fremde! Willkommen in unserer Stadt!"

Gezen und Giden schauen sich fragend an und lauschen neugierig, was der Alte zu sagen hat.

Der Mann sagt: "Ich werde euch eine Frage stellen, die für uns sehr wichtig ist. Wenn ihr mir die Antwort gebt, die ich hören will, werde ich euch das Tor zu dieser Stadt öffnen. Ich werde euch hineinlassen, aber wenn mir eure Antwort nicht gefällt, werdet ihr unsere Stadt leider nicht betreten können".

Gezen sagt leise flüsternd zu Giden: "Wir brauchen diesen Onkel am Eingang jeder Stadt, Giden" und lächelt.

Dann sagen beide zum Onkel: "Natürlich, bitte frag, Onkel!"

"Was habt ihr beide in unsere Stadt gebracht, Schönes oder Böses?"

"Was sollen wir denn mitbringen, Onkel?", fragt der Gezen weise.

"Natürlich nur das Schöne", sagt der Onkel.

"Dann werden wir dir und deiner Stadt die wunderbarsten Schönheiten bringen, Onkel. Mach dir keine Sorgen."

Der Alte sagt: "Wenn ihr die Wahrheit sprecht, meine Kinder, dann kommt mit mir. Ich stelle euch den Leuten unserer Stadt vor. Erzählt uns von den wunderbaren Schönheiten, die ihr uns mitbringt."

Die drei gehen ins Zentrum der kleinen Stadt. Unterwegs denkt Giden, dass der alte Mann ihrem Mentor, Varmış Dede, wirklich sehr ähnlich sieht.

Durch seine Gedanken wandert: *'Wie sehr dieser alte Mann meinem Großvater Varmış ähnelt. Sein Bart, seine Haare, es ist, als wäre er derselbe. Seine Stimme ist ähnlich. Es fällt schwer, nicht überrascht zu sein. Soll ich ihn fragen, ob er mit ihm verwandt ist? Es ist, als würde er selbst uns jetzt führen. Wie seltsam. Ich glaube, ich träume, weil ich ihn so sehr vermisse...'.*

Giden behält ihre Gefühle und ihre Gedanken für sich.

Sie erreichen das Zentrum der Stadt und finden dort die Bewohner der Stadt, die gemütlich in einem Teehaus sitzen, um Tee zu trinken und sich zu unterhalten.

Gezen sagt zu Giden: "Ich habe immer noch Durst und Hunger."

Giden antwortet: "Mein lieber Onkel, Gezen ist nach einem langen Fußmarsch hier angekommen. Er ist müde, hungrig und durstig. Geben wir ihm zuerst etwas zu essen und zu trinken."

"Dann lass uns gleich dem Stadtvolk vorstellen."

"O Volk! Das sind zwei liebe Gäste, die gerade in unsere Stadt gekommen sind. Ich habe sie eingeladen, und sie sind hier, um unserer Stadt wunderbare Schönheiten zu bringen. Es ist also an uns, sie willkommen zu heißen!"

Nach einer herzlichen Begrüßung decken die Bewohner der Stadt den Tisch für ihre lieben Gäste mit einer großen Auswahl an Köstlichkeiten. Gezen bewundert die Schönheit und Farbenpracht der Speisen und beginnt mit Appetit zu essen. Einer nach dem anderen kommen die Einheimischen an den Tisch der beiden und schauen sie neugierig an.

"Bist du weit gereist, Fremder?", fragt einer der Städter Gezen neugierig.

Gezen antwortet: "Ja, ich habe einen langen Weg hinter mir, ich bin allein gereist und gelaufen. Ich bin müde vom Reisen. In der Nähe eurer Stadt habe ich meine hübsche und geliebte Freundin hier wieder getroffen und einen weiteren neuen Freund gefunden, diesen Onkel hier. Dann sind wir hierher zu Euch gekommen. Und jetzt seh ich, dass ich noch viele weitere Freunde gewinnen werde."

Einer der Stadtbewohner sagt: "Nun, unsere neuen Freunde, es scheint deutlich, dass ihr Schönheit in unsere Stadt gebracht habt, aber woher kommt ihr und wohin geht ihr? Sagt es uns, damit wir zuhören und erfahren können, welche Schönheiten ihr mitgebracht habt."

Giden antwortet: "Wir sind jetzt hier, wir sind mit euch. Lasst uns über diesen Augenblick sprechen."

"Gut, dann lass uns über diesen Moment reden. Was hat dich hierher geführt?"

Giden möchte, dass Gezen diese Frage beantwortet.

Gezen: "Die Liebe hat uns hierher geführt, mein lieber Onkel."

Der Mann antwortet fröhlich: "Liebe? Du willst eine Frau aus dieser Stadt heiraten, mein Sohn? Wer ist sie? Wenn es dir recht ist, wollen wir dir helfen. Lass uns gemeinsam hingehen, damit du um ihre Hand anhalten und sie heiraten kannst!"

"Entsteht die Liebe erst, wenn man jemanden heiratet?", fragt Gezen.

Giden schaut Gezen missbilligend an, beugt sich leicht zu ihm und sagt leise: "Mach etwas langsamer, Gezen."

Gezen lächelt sie an und antwortet: "Halte mich nicht auf, Giden, ich habe mutig angefangen, lass mich so weitermachen."

Er wiederholt seine Frage an den Städter. "Ja, ich höre mir eure Antworten an. Glaubt ihr, dass sich die Liebe erst mit der Heirat erfüllt?"

Gezen hat keine Angst vor den Reaktionen des Stadtbewohners.

"Aber alles andere ist verboten, mein Kind", sagt einer der Städter.

"Tante, die Frage, die ich dir gestellt habe, war, ob die Liebe ohne das Band der Ehe nicht entstehen darf und ob sie wohl auch bei euch verboten ist."

Einer der Städter sagt: "So haben es uns unsere Vorfahren gelehrt, mein Sohn: Heirate den, den du liebst, dann ist deine Liebe erlaubt. Sie sagten, die Ehe sei eine Ehre, außereheliche Liebe sei eine Verletzung dieser Ehre".

"Ich respektiere auch, was eure Vorfahren gelehrt haben, meine Brüder und Schwestern, aber wir sollten die Liebe nicht nur so leben, wie sie uns gelehrt wird, sondern wir sollten die wahre Bedeutung der Liebe kennen und sie nicht ignorieren! Dann werdet ihr erkennen, dass Ehe Ehe ist und Liebe Liebe ist.

Nachdem Gezen genüsslich an seinem heißen Tee genippt hat, stellt er ihnen eine weitere Frage.

"Wollt ihr den Weg hören, der die Liebe aus dem Käfig befreit, in den ihr sie gesperrt habt?"

Die Städter sagen laut und deutlich "Ja". Neugierig rücken sie noch ein wenig näher an die beiden Fremden heran, die interessante Worte sprechen. Giden steht auf und bringt Gezen eine weitere Tasse Tee aus der Teestube. Auch sie setzt sich zu den Bewohnern und hört Gezen zu. Als Gezen diese schöne Szene um sich herum sieht, lächelt er vor Freude und beginnt mit seiner freundlichen Stimme seine Geschichte zu erzählen...

"Brüder und Schwestern, wir alle haben auf die eine oder andere Weise eine Vorstellung von der Liebe und davon, was sie sein soll und was nicht, aber ich nehme an, ihr habt erkannt, dass das, was wir über die Liebe zu wissen glauben, oft weniger ist als das, was wir nicht wissen. Irgendwie wissen wir alle, dass es irgendwo in unserem Herzen eine Stimme gibt, bei manchen mehr, bei manchen weniger, die uns immerzu anspricht. Um die Quelle dieser Stimme zu verstehen, muss man die Liebe in einem größeren Rahmen betrachten.

Liebe ist nicht nur ein Gefühl, das in der Ehe entsteht. Lasst mich erklären, dass die Liebe nicht nur ein Medium ist, dass bei unserer Erlaubnis auftaucht. Lasst mich die Version lehren, die uns die Verse der Liebe unterrichten will. Liebe ist keine Option, und sich zu verlieben ist keine Entscheidung, die ein Mensch allein treffen kann. Deshalb glaube ich, dass wir keine andere Wahl haben, als ihre große Macht anzuerkennen, uns dieser Macht zuzuwenden und zu hoffen, dass wir ihrer würdig sind. Da wir blind sind, die Ganzheit der Liebe zu sehen, haben wir unsere Ehemänner und Ehefrauen mit ihren Unterschriften an uns gebunden und dafür den Namen der Liebe benutzt. Hätte es nicht genügt, sie unsere Geliebten zu nennen, um unserer Beziehung zu ihnen gerecht zu werden? Wir haben vergessen, was Liebe wirklich ist, weil wir in unserem Denken so verwirrt sind. In der Welt, in der wir leben, ist selbst das Gefühl, unsere Mutter, unseren Vater, unsere Schwester oder unseren Bruder zu lieben, zu einem Fremdwort geworden. Hat die Mentalität, die Liebe mit Lust verwechselt und sie uns verboten? Wenn diese Liebe nur in unseren Vorstellungen wie in der Ehe funktionieren darf, dann dürfen wir sie nicht für Menschen empfinden, mit denen wir keinen Geschlechtsverkehr haben, nicht wahr? Hier, Brüder und Schwestern, entstehen solche falschen Verbindungen, wenn wir versuchen, die Liebe in Käfige zu sperren, die sie nicht verdient. Wir können es als Menschen nicht vollständig verstehen, was die Liebe mit all ihren Wahrheiten darstellt. Und weil wir nicht mögen, was wir nicht verstehen, haben wir sie mit unseren menschlichen, irdischen Wertvorstellungen in Verbindung gebracht, haben sie eingesperrt, und heute schämen wir uns, ihren Namen außerhalb der Ehe überhaupt noch in den Mund zu nehmen. Wir nennen sie Schande, wir nennen sie Verbot, wir nennen sie Verwirrung. Aber wir müssen sie aus den Käfigen befreien, in die wir sie in unseren Köpfen gesteckt haben, und erkennen, dass es nicht um Sexualität geht, nicht um die Ehe, nicht um eine Beziehung. Die Beziehungen der Menschen sind ihre Beziehungen. Mit ihren Fehlern oder zu Recht. In jeder Beziehung die Liebe zu suchen oder in jeder Liebe eine Beziehung zu suchen, das ist der Anfang des Irrtums.

Es ist einer der falschen Mythen, die man uns über die Liebe einredet, wenn man die Verletzung der Regeln der Ehe mit den Regeln der Liebe gleichsetzt. Wir müssen uns von diesen unwissenden Urteilen befreien! Warum brauchen wir diese Urteile? Wenn wir die Liebe in dem von uns geschaffenen Rahmen des Urteils sehen, beginnen wir, sie zu missachten, als ob sie etwas wäre, das wir selbst erschaffen haben, als ob diese Macht unter unserer Kontrolle stünde, nicht wahr? Aber in Wirklichkeit verbergen wir hinter diesem Vorwand oft sexuelle Begierden, die sich in den meisten Fällen unserer Kontrolle entziehen. Und wenn diese Begierden nachlassen, sagen wir einfach, dass wir nicht mehr lieben. Ist das nicht viel zu einfach, wie wir die Welt zurechtmalen?

Wenn wir wollen, akzeptieren wir sie nicht, schließen sie aus, verurteilen sie und stigmatisieren sie sogar. Orhan Baba hat einmal gesagt: "Habe ich die Liebe erschaffen?" Nein, natürlich nicht! Aber nur die Menschen haben die Kühnheit, so zu denken. Wir haben sie weder geschaffen, noch können wir sie dauerhaft ignorieren. Das Geheimnis ihrer Schöpfung liegt in ihr selbst. Wir sollten an sie glauben, ihre Existenz überall als real anerkennen, sie respektieren und unsere Ignoranz aufgeben.

In dem Maße, in dem unsere Ehrfurcht vor ihr und ihrer Existenz wächst, erkennen wir neu die Macht der Liebe. Sie zu erkennen und ihrer würdig zu sein, ist durch Treue, Achtung, Glauben und Vertrauen möglich, die zu den grundlegendsten und tiefsten Gefühlen des Menschen gehören. Liebe ist das Gefühl, das wir allem geben können, was wir sehen können, und allem, was wir nicht sehen können. Dafür braucht man keine Erlaubnis. Sie ist an keine Bedingungen geknüpft. Derjenige, der uns die Freude am Leben und die Kraft, allen Schwierigkeiten zu trotzen, verliehen hat, hat uns auch seine Gnade geschenkt, damit wir dieser Liebe treu bleiben. Der tiefe Grund hierfür liegt in seinen Mysterien verborgen. Wenn du diese Kraft spürst, bedeutet das, dass die Liebe bereits gesehen hat, dass du ihrer würdig bist. Du erkennst, dass sie in dir geboren ist wie ein Licht, dass du mit deinen Augen und deinem Herzen sehen kannst.

Das ist der Moment, in dem du erkennst, dass du weder die Autorität noch die Macht hast, irgendeinen Anspruch auf sie zu erheben, sie zu verurteilen oder sie gar in einen Käfig zu sperren oder in einen Rahmen zu stecken."

So viele Gefühle in der Sprache der Liebe auszudrücken, ist für eine Herzensseele oft anstrengend. Nur wenige Menschen können so viel göttliche Energie ertragen, die durch die Seele strömt und durch die Zunge anklagend in die Ohren der Zuhörer dringt. Nachdem diese Worte aus dem Herzen Gezens nach außen gedrungen sind, seufzt er kurz, senkt den Kopf und hält einen Moment inne. Regungslos sitzt er da, unfähig zu sprechen. Giden bemerkt sofort seinen Zustand, Gezen ist von Liebe erleuchtet und vor Rührung sprachlos. Sie erhebt sich, kommt zu ihm und legt ihre Hand auf seine Schulter. Gezen hält die warme Hand fest, er braucht ihre Nähe. Giden versteht die Situation, schaut Gezen in die Augen und bittet um Erlaubnis, weitermachen zu dürfen...

"Die Liebe kommt und findet dich, wenn du ihrer würdig bist", sagte Khâlil Gibran. Wie recht diese schöne Seele hatte. Wenn du dich der Liebe zuwendest, hält sie dich für würdig, alles zu lieben, und wir wissen, wie schwer das manchmal ist. Aber die Liebe ist der einzige Weg, um auch der Geduld würdig zu sein, die sie dir schenkt. Die Liebe gibt einem nicht das Recht, als Mensch zu lieben und die Liebe zu erlauben. Nur ihre Erlaubnis ist gültig. Ihr habt nicht die Macht, der Liebe Grenzen zu setzen und dann der Liebe die Erlaubnis zu geben, indem ihr die Grenzen aufhebt, die ihr selbst gesetzt habt. Es wird nützlich sein, diese Wahrheiten zu kennen, wenn wir versuchen, die Liebe und das Lieben jenen Wesen zu erklären, die der Liebe viel näher stehen als wir, nämlich unseren Kindern! Denn wir lieben es, ihnen die Bedingungen einzuflößen, die wir ihnen auferlegen, während wir versuchen, ihnen Liebe und Zuneigung beizubringen. Wundern wir uns nicht, wenn sie das vermeintlich Wahre ablehnen, was wir ihnen in der Sprache der Erwachsenen beizubringen versuchen. Kinder leben in ihrer eigenen Welt, der Liebe so unbeschreiblich nahe, so makellos, so unbefleckt, so sehr ihrer würdig.

Die meisten von uns haben die Liebe und die Kraft, die sie uns geben kann, vergessen oder nicht erkannt. Und diese, wir, diese Blinden wagen es, die Sehenden zu lehren, was sie zu sehen haben und was nicht. Mit diesem unbewussten Verhalten gegenüber unseren Kindern, die die Liebe am wahrhaftigsten erfahren können, missachten wir die Erlaubnis zur Liebe, die in den Versen der Liebe niedergeschrieben ist.

Die Verse der Liebe besagen, dass es für uns richtiger ist, die Liebe von unseren Kindern zu lernen, als zu versuchen, sie ihnen beizubringen! Obwohl unsere Kinder uns in jedem Moment an die Liebe erinnern und uns dazu bringen, uns an ihr zu orientieren und sie an verschiedenen Stellen zu sehen, versuchen wir immer noch, die Liebe an ganz anderen Stellen zu platzieren und ihnen Stempel auf die Augen zu drücken. Sie sind nicht blind wie wir. Während wir sie auf die Bedingungen des Lebens vorbereiten und versuchen, sie zu gewöhnlichen Menschen zu erziehen, sind wir gleichzeitig arme Geschöpfe in den Augen der Liebe, die versuchen, die

Liebe in den Rahmen einzupassen, den wir in ihre Augen gezeichnet haben, damit sie sehen, was nur wir sehen wollen. Es ist an der Zeit, unser Verhalten in Frage zu stellen.

Verzeihen Sie mir, wenn ich aufdringlich wirke, aber wir sind es, die unserer zukünftigen Liebe sagen: Unterschreibt den Trauschein und unsere Liebe wird ewig sein. Haben wir das schönste Gefühl des Universums einer Unterschrift auf einem Stück Papier überlassen, das mit einem Kugelschreiber beschrieben werden kann? Wir halten einen Ochsen für geistlos, aber bedenkt, dass ein Ochse seine Kuh auch ohne Unterschrift lieben kann!..."

Während die Stadtbewohner diesen unsagbar schönen Worten lauschten, lauschten sie auch den Stimmen der Liebe zu. Es ist nicht wichtig, was irgendjemand über die Liebe sagen kann, ihre Wahrheit liegt in der Fähigkeit, das auszudrücken, was die Liebe selbst uns lehrt. In den Zeiten unserer Blindheit gegenüber der Universalität der Liebe hatten wir höchstens die Fähigkeit, die Liebe in den Gesichtern zu sehen, die wir Geliebte nennen konnten. Und in den anderen Momenten waren wir dem Irrtum unterworfen, dass die Liebe, wie wir sie zu verstehen hofften, nicht existierte. Aber wir müssen verstehen, dass diejenigen, die wir unsere Geliebten nennen, auch Mitglieder dieser trügerischen Welt sind. Sie gehen, sterben, verlassen, betrügen. Was aber beständig bleibt, ist die Liebe, die nicht dem irdischen Kommen und Gehen unterworfen ist. Die Liebe ist unsterblich.

Einer der Stadtbewohner sagt, ebenfalls tief ergriffen von dem Gesagten: "Wohin ihr auch geht, ihr schönen Menschen, möget ihr nur das Gute finden! Wenn man euch fragt, was ihr erwartet, sagt immer Schönheit, damit ihr dieses findet! Wir haben die Schönheit in euch gefunden. Ich hoffe, ihr seid auch mit uns zufrieden."

Ein anderer sagt: "Ihr könnt so lange in unserer Stadt bleiben, wie ihr wollt."

Gezen sagt: "Bei Allah, ich brauche wirklich einen langen Schlaf!"

Da sagt einer zu ihm: "Bitte nächtige in meinem Haus."

"Nein, du bist mein Gast heute!"

Die Angebote überschlagen sich.

Der Älteste der Stadt sagt: "Zwingt unseren Gast nicht. Lasst ihn wählen, wo er bleiben will."

Gezen gefällt dieses Angebot. Er sagt: "Ich werde im Haus desjenigen bleiben, der am besten in Worte fassen kann, was heute über die Liebe gesagt wurde".

Aufmerksam lauscht er den Antworten.

Einer der Jugendlichen sagt: "Ich habe gelernt, dass die Liebe überall ist!"

Gezen steht auf und sagt: "Ich habe meinen Gastgeber gefunden".

Der freundliche junge Mann zeigt ihm freudig den Weg und sagt: "Hier entlang, Bruder".

Gezen fragt Giden: "Kommst du nicht mit?"

Giden antwortet: "Nein, du bleibst. Mein Weg ist lang und schmal."

Sie umarmt Gezen und flüstert ihm ins Ohr: "Wir werden uns wiedersehen, wo die Liebe uns zusammenführt!"

"Dann, meine Freundin, treffen wir uns dort, wo die Liebe uns hinführt. Allah sei mit dir."

Giden verabschiedet sich von ihrem Freund und den Bewohnern der Stadt mit den Worten: "Auf Wiedersehen, meine Freunde, auf Wiedersehen!

Sie dreht sich um, winkt zum Abschied und geht ihren Weg. Wohin auch immer...

Gezen schaut ihr noch eine Weile nach, dann geht er mit dem jungen Mann nach Hause.

Als Gezen in der Nacht im Bett liegt, betet er, bevor er die Augen schließt, dass der Weg der Giden für immer frei sein möge. Denn er weiß, dass die Gebete, die man für andere spricht, die wertvollsten und schönsten Gebete sind. Die Schönheit der Wünsche in diesen selbstlosen Gebeten wird eines Tages zu einem selbst zurückkehren. Nach dem Gebet fällt Gezen in einen langen Schlaf.

Er schläft so lange, dass sich die Stadtbewohner Sorgen machen. Sie raten dem jungen Gastgeber, nicht von seiner Seite zu weichen, solange Gezen schläft. Die Nächte vergehen...

Nach einer Weile erwacht Gezen endlich aus seinem Schlaf.

Kaum ist Gezen erwacht, sagt der junge Mann voller Aufregung: "Guten Morgen, Bruder Gezen. Wir haben uns große Sorgen um dich gemacht!"

Gezen ist noch schläfrig.

Er versteht die Sorge des jungen Mannes nicht und fragt: "Guten Morgen. Warum, warum bist du so besorgt?"

"Gezen, du schläfst seit zwei Tagen und zwei Nächten!"

Plötzlich springt Gezen wie eine Feder auf seinem Bett auf. "Das kann nicht sein! Habe ich so lange geschlafen?", fragt er.

"Dann hast du dich gut ausgeruht, Bruder. Ich werde meinen Leuten in der Stadt sagen, dass du aufgewacht bist, damit sie sich keine Sorgen mehr machen", sagt der junge Mann.

Schnell verlässt der junge Mann das Zimmer und rennt nach draußen. Gezen hört seine aufgeregte Stimme.

"Hey Leute, Gezen ist aufgewacht! Gezen ist wach!"

"Er hat die ganze Stadt in Aufruhr versetzt", denkt Gezen und lächelt.

Gezen zieht sich an und geht hinaus. Der Städter kommt ihm an der Tür entgegen.

"Keine Sorge! Ich war nur sehr müde, wie ihr seht. Mir geht es gut, meine Freunde."

"Brauchst du einen Arzt, Bruder Gezen?"

Sie zweifeln an Gezens Zustand nach so langem Schlaf. Doch er wirkt ausgeschlafen und sehr ruhig.

"Nein! Mir geht es wirklich gut", antwortet er.

Die Stadtbewohner laden ihn zum Frühstück ein.

Er sagt: "Ich muss heute noch weg."

Die Stadtbewohner haben noch nicht genug von ihrem Gast mit den schönen Geschichten. Sie laden Gezen ein, noch ein paar Tage zu bleiben und sich weiterhin auszuruhen.

"Leider kann ich nicht bleiben, meine Freunde. Ich habe noch mehr Orte zu besuchen und Dinge zu sehen."

Die Stadtbewohner sehen ein, dass er weiterziehen musste.

Auch der alte Mann, dem sie am Eingang der Stadtmauer begegnet waren, ergreift das Wort und sagt: "Es war eine gute Entscheidung, euren Worten Glauben zu schenken. Ihr habt uns wahrhaft Schönes gebracht, direkt aus eurer Seele. Du und deine Freundin habt jetzt hier Freunde und ein neues Zuhause, vergiss das nicht, mein Sohn!"

"Danke, mein lieber Onkel. Keine Sorge, eines Tages werde ich oder andere, die den gleichen Weg gehen wie ich heute, zurückkehren. Das ist ein Versprechen der Liebe!"

Gezens Magen ist voll und sein Herz voller Liebe. Er erhebt sich vom Frühstückstisch, verabschiedet sich von den Bewohnern der Stadt, nimmt deren Abschiedsgrüße entgegen und steigt in den ersten Zug, der am Bahnhof der Stadt eintrifft, um sich auf den Weg zu machen.

Im fahrenden Zug denkt er sich: *Ich frage mich, ob es eine Welt gibt, in der sich die Wege derer, die vor sich selbst fliehen, und derer, die sich selbst suchen, treffen?* Das Geheimnis und die Antworten auf seine Fragen sind in den Versen der Liebe verborgen.

Liebe ist ein Gefühl,

dass sich vervielfacht,

wenn es geteilt wird.

(Anonym)

Die Befleckung der Liebe

Während ihrer Reise durchlebt Giden ein Wechselbad tiefer Gefühle und Erinnerungen. Sie erinnert sich auch an ihren Freund Gezen und denkt sogar die meiste Zeit an ihn, besonders wenn sie über Liebe nachsinnt. Sie fragt sich, was er jetzt macht und wohin er jetzt wohl unterwegs sei? Der Zug, in dem sie sitzt, fährt langsam in einen seltsam anmutenden, ruhigen Bahnhof ein. Eigentlich wollte sie noch gar nicht aus ihren süßen Träumen und lieblichen Gedanken erwachen, doch dieser Ort zieht ihre geheimnisvolle Aufmerksamkeit auf sich. Denn nun ist es wohl auch für sie an der Zeit, auf ihrer Reise zu neuen Ufern aufzubrechen.

Sie schaut aus dem Fenster und ist noch nicht geneigt, hier auszusteigen. Zu ruhig ist es ihr hier.

Da hört sie plötzlich eine geheimnisvolle Stimme, die mehr-mals sagt: *"Steig aus, Giden, steig hier aus"*.

Etwas erschrocken schaut sie sich um und fragt sich, wer da zu ihr gesprochen hat. Aber sie sieht niemanden in ihrer Nähe, der mit ihr gesprochen haben könnte.

Da ertönt wieder die Stimme aus der Sprache der Welten, und die Stimme sagt eindringlich: *"Giden, komm her, steig aus!"*

Giden hört auf die mysteriöse Stimme, greift nach ihrer Tasche und steigt aus dem Zug. Sie weiß gar nicht mehr, wie lange sie schon in diesem Zug sitzt. Außer ihr steigt niemand ein oder aus. Auch auf dem Bahnhof ist es sehr ruhig und still. Außer dem Geräusch der Lokomotive, das an das Aus-atmen eines müden Menschen erinnert, dem Zwitschern der Vögel in der Umgebung und dem Heulen des Windes, der von Ohr zu Ohr weht und an die Wellen des Meeres erin-nert, ist nichts zu hören und zu sehen. Nur ein kurzer Pfiff des Bahnhofswärters durchbricht die Tristesse.

Giden folgt mit den Augen dem Zug, der den Bahnhof verlässt, und geht dann vom Bahnhof in die Stadt. Obwohl sie sich nicht sicher ist, ob es die richtige Entscheidung war, auf die geheimnisvolle Stimme zu hören, ist sie nun hier. Auf den Straßen herrscht eine unheimliche, verdächtige Stille. Doch plötzlich durchbricht ein Schrei, ein Rascheln, eine Unruhe die unheimliche Stille der Stadt. Eine Gruppe von Menschen ist aufgetaucht, sie sind wütend und rennen an ihr vorbei, ohne sich um sie zu kümmern. Für einen Moment lässt sie sich mitreißen und geht einfach mit.

Jetzt wollte sie unbedingt wissen, was los ist und sagt: "Hey, wo wollt ihr denn hin? Warum habt ihr es so eilig?", fragt sie mit lauter Stimme.

Doch die Stadtbewohner schauen sie nur mit uninteressierten Blicken an und gehen weiter. Vielleicht ist etwas Schlimmes passiert, und Giden beginnt, schnell mit ihnen zu gehen, in der Hoffnung, vielleicht sogar helfen zu können.

Doch dann reißt ihr der Geduldsfaden, sie packt einen der Stadtbewohner am Arm und sagt mit ihrem unverwechselbaren Gesichtsausdruck: "Sag mir schnell, wohin du rennst! Wohin rennst du? Was ist die Quelle eures Zorns, was ist der Grund eurer Eile?"

"Sie haben einen Mann in verbotener Liebe ertappt. Wir werden ihn heute steinigen!"

Der Städter, den Händen der fremden Frau entkommen, geht schnell weiter.

"Habt ihr etwa eine lustige Vorführung oder ein Theaterstück zu sehen, ihr Idioten, und wollt es nicht verpassen, so dass ihr so eilig dorthin rennt? Das ist real!", ruft Giden ihnen zu.

In der Hoffnung, die Stadtbewohner, die im Begriff sind, einen großen Fehler zu begehen, davor zu bewahren, geht sie mit ihnen weiter. Was ist verbotene Liebe? Was hat das Wort "verboten" im selben Satz wie "Liebe" zu suchen? Es sind die Menschen, die die Möglichkeit erfunden haben, dass das erhabenste Gefühl des Universums verboten sein könnte, und dieselben Menschen wollen sogar jemanden dafür steinigen! Wie können sie es wagen?

Als sie ihr Ziel erreichten, trafen sie auf eine große Menschenmenge. Alle drehten sich in dieselbe Richtung und lauschten den Worten eines Redners in der Mitte des Kreises.

"Wir steinigen diese Kreatur. Wir steinigen den Sünder!"
ruft der Redner, dessen Gesicht Giden noch nicht erblicken kann. Giden versucht, sich einen Weg durch die Menge zu bahnen.

"Lasst mich durch, lasst mich durch!", ruft sie städig auf.
Sie will zu dem durch, der da die Steinigung befiehlt. Die Stadtbewohner machen ihr nur zögernd Platz, denn sie wissen nicht, wer diese Fremde ist, die so mutig ist. Die Augen der Städter sind von Dunkelheit umhüllt, und ihre Herzen sind rasend vor Zorn. Ihre mörderischen Blicke scheinen nur eines auszudrücken: Tod!

Inmitten dieser Menschenmenge, direkt neben dem vermeintlichen Befehlsgeber, sitzt auf dem Boden ein gefolterter Mann, der sich vor Schmerzen krümmt und dessen Gesicht fast blutüberströmt ist. Er blickt in alle Richtungen, als würde er die Menge anflehen: "Tut es nicht, tut es nicht, tötet mich nicht". Nur einer in der Menge wagt es, in diesen Kreis einzutreten: Giden. Sie nähert sich dem am Boden Liegenden.

Sofort schreien sie sie an. "Geh nicht in seine Nähe!"
"Rühr diese Kreatur nicht an!", sagen sie warnend.
Und sie warnen sie, sich ihm nicht zu nähern, indem sie sagen: "Er ist unrein und schuldig." Sie drohten ihr sogar.
"Wenn du ihn anrührst, werden wir dich auch steinigen!"
So werden die Stimmen immer lauter und die Drohungen immer schlimmer.

Sie bedrohen Giden, die sie nicht einmal kennen, mit der gleichen Wut und Grausamkeit wie den Mann, der am Boden kriecht. Giden fürchtet sich vor keiner der Drohungen. Sie beobachtet den Blick des Mannes, der am Boden liegt und um Hilfe, ja um Gnade fleht. Ein blutüberströmter Mann! Giden ist sehr, sehr wütend über diese Situation.

Sie schreit die Stadtbewohner an. "Ihr scheint über die Sünden zu richten, was habt ihr gesagt, was dieser Mann getan hat?"

"Das geht euch nichts an. Was geht euch das an?"

"Ich sagte, sagt mir, was ihr ihm vorwirft!"

Sie klang sehr wütend.

"Wer bist du und was fällt dir ein, uns das zu fragen?"

"Hör zu, wir werden dich auch töten. Verschwinde!", sagen sie ihr warnend.

Giden neigt wütend den Kopf. Ihre Geduld ist langsam am Ende. Sie holt tief Luft und schaut sich noch einmal um. Wer war diese Frau mit dem Feuer des Mutes in ihren Augen? Mächtiger als sie erwartet hatten, mutiger als sie gedacht hatten, bedrohte sie ihre Entscheidung, einen Mord zu begehen. Schließlich antwortet einer.

"Dieser Mann hatte eine unerlaubte Affäre. Wir haben schon seine sündige Gefährtin getötet. Wir werden ihn auch töten."

Giden schreit auf. "Mit welchem Recht?"

"Wir bestimmen Recht und Gesetz!"

Giden schreit noch einmal, mit ihrer letzten Stimme. "Mit welchem Recht tut ihr das?"

"Was geht euch das an? Wer seid ihr?", ruft ein Städter.

"Bevor ich Menschen wie euch verrate, wer ich bin, will ich euch zuerst etwas fragen: Was ist verbotene Liebe, ihr Menschenskinder?"

Gidens Geduld ist am Ende. "Ich nehme an, ihr hättet es ihm auch erlauben können? Für wen haltet ihr euch? Meint ihr, ihr hättet ihm auch das Leben geschenkt?", fragt sie und beugt sich langsam zu dem Mann hinunter, der sich auf den Knien am Boden krümmt. Sie lehnt sich nur wenige Zentimeter vor sein Gesicht und schaut ihn vertrauensvoll an. Indem sie mit ihrer rechten Hand die verwundete Schulter des Mannes berührt, gibt sie ihm das Gefühl, trotz aller Widrigkeiten, die sein Dasein in diesem Moment umhüllen, nicht allein zu sein. Diese Berührung ist wie ein ausgestreckter Ast für den verzweifelten, verletzten und körperlich gebrochenen Mann, der sich in Todesangst verzehrt.

Um sein Leben flehend greift er nach den Händen, die ihm von Giden gereicht werden, und sagt mit verzweifelter, ängstlicher Stimme: "Geh nicht! Geh bitte nicht, verlass mich nicht. Sie werden mich töten! Ich bin unschuldig. Ich habe nur geliebt, ich habe meine Geliebte, sehr, wirklich sehr geliebt. Wir wollten heiraten! Wir wollten nur wegen unserer Liebe heiraten, nur wegen unserer Liebe. Nicht weil diese Irren es wollen!"

Giden weiß um das Gefühl des Mitleids und sie spürt, wie es in ihr anwächst. Jetzt ist es jedoch an der Zeit, zwischen Mitleid und Mitgefühl zu unterscheiden.

Giden ruft: "Kommt, steinigt mich auch! Ich bin so unschuldig wie er! Ich bin so rein wie er! Und ich bin, wie ein jeder von euch, so schuldig und so schmutzig wie er! Steinigt auch mich, wie ihr wollt! Offenbar steht ihr über allen Worten, die je zu euch gesprochen wurden!"

Die Stadtbewohner werden unruhig angesichts der Kraft und des Mutes in der Stimme dieser Frau, die sie nicht kennen.

"Ist etwa jemand unter euch, der sich noch nie verliebt hat?", ruft Giden.

"Wir heiraten, in wen wir uns verlieben. Wir begehen keinen Ehrbruch, keinen Verstoß gegen unsere Regeln!"

"Die Liebe lässt sich nicht in Käfige sperren, und sie existiert auch außerhalb eurer irdischen Macht und Regeln, wie die der Ehe. Ihr dachtet wohl, wenn ihr die Liebe nur unter diesen Bedingungen zulasst, hättet ihr die Kontrolle über die vom Verstand und jeder Logik losgelösten Seelen zweier Menschen, die dieses magische Gefühl füreinander empfinden."

Nach diesen Worten von Giden schämten sich einige der Bürger ihrer Unwissenheit und senkten ihre Köpfe.

"Kommt, werft eure Steine. Sagt mir, erkennt ein Mensch Berge und Hügel je als Hürden an, wenn er verliebt ist? Aber lasst mich zuerst in einer Sprache sprechen, die ihr versteht! Gibt es unter euch jemanden, der nicht verliebt ist oder noch nie verliebt war? Und gibt es unter euch jemanden, der sagt, er könne dieses Gefühl der Liebe nicht für seine Mutter, seine Schwester, seinen Bruder und seinen Vater empfinden? Wer sagt, ich kann nur meine Frau oder meinen Mann lieben, mit dem ich ins Bett gehe, der werfe den Stein, den er in der Hand hält. Jemandem mit Liebe zu begegnen bedeutet, ihm zuerst mit Mitgefühl, Barmherzigkeit, Treue, Vertrauen und Liebe zu begegnen, was eines der tiefsten und wertvollsten Gefühle der Menschheit ist. So lasst uns beginnen! Den ersten Stein werfe der, der sagt: Ich habe nur aus Liebe geheiratet. Den ersten Stein werfe derjenige, der sagt: Ich liebe niemanden außer meine Frau und meinen Mann, denn mit anderen kann ich nicht ins Bett gehen! Werft euren Stein, wenn ihr diesen peinlichen Gedanken habt!"

Viele Stadtbewohner legen die Steine auf den Boden. Einige drehen sich um und gehen weg. Nach kurzer Zeit ist fast niemand mehr von den Städtern da. Der Verwundete, immer noch verängstigt, nimmt die Hände des Giden. Er küsst die Hände seines Retters und legt sie sich auf den Kopf.

Mit Mühe sagt er: "Danke! Ich danke dir! Ich verdanke dir mein Leben!" und seine blutunterlaufenen Augen füllen sich mit Tränen.

Giden verbeugt sich erneut zu ihm und sagt: "Du verdankst dein Leben nicht mir, sondern der Liebe! Du verdankst es dem, der dir Barmherzigkeit geschenkt hat. Auch wenn das, was du getan hast, in den Augen der Gesellschaft Schmutz und ein Verbrechen ist, auch wenn sie dich dafür töten wollen, die Liebe erkennt solchen Schmutz und solche Flecken nicht an. Manchmal reinigt sie sogar die Flecken von uns Erniedrigten".

Giden hilft dem Mann langsam aufzustehen. Der Mann kann sich vor Schmerzen und Erschöpfung kaum auf den Beinen halten. Sie haben ihn übel zugerichtet und haben ihn mit Schlägen und Tritten misshandelt. Und es ist gut, dass Giden ihn rechtzeitig hier in dieser Stadt gefunden hat. Sonst wäre er wahrscheinlich schon tot.

Giden sagt zu dem Mann: "Ich weiß, dass du das alles aus Liebe getan hast, was war. Ich spüre es. Es ist die Liebe, die mich das fühlen lässt."

"Aber meine Geliebte... sie haben meine Geliebte getötet."

"Es tut mir leid um deinen Verlust. Aber deine Liebe wird nicht sterben", sagt Giden.

"Aber sie ist nicht mehr da", sagt der Mann und beginnt vor Trauer zu weinen.

"Bitte weine nicht mehr! Bitte sei stark! Wir sprechen gerade über sie. Wir sprechen über eure Liebe. Sie ist nicht verloren, sie ist hier, bei uns, lebendig, genau wie deine Liebe zu ihr."

Der Mann wischt sich die Tränen ab, die sich mit seinem Blut vermischt haben, und sagt zu Giden: "Was für ein wunderbarer Mensch du bist. Du erbarmst dich eines Menschen, den du nicht kennst, du sagst von einem Toten, dass sie nicht tot ist. Du bist des Paradieses in dieser und in der nächsten Welt würdig!"

"Das Paradies in dieser Welt wird durch die Liebe errichtet. Du hast jetzt einen Stein in der Hand, um es zu bauen. Geh, geh jetzt. Komm nie wieder in diese Stadt. Auch wenn sie es sich jetzt anders überlegt haben und dich nicht töten, komm nie wieder in diese Stadt zurück." Mit diesen Worten lässt Giden den Mann frei, den sie gerettet hat.

"Danke", sagt der Mann und humpelt davon.

Dann kommt ein großer Mann mit einem rauen Bart zu Giden.

"Ich bin der religiöse Vater dieser Stadt, du hast mein Urteil über einen Sünder gebrochen. Komm und gib mir Rechenschaft über deine Taten", schreit er Giden an.

Doch Giden, sichtlich unbeeindruckt, sagt: "Ich werde Rechenschaft ablegen, wenn es sein muss, aber die Liebe lässt sich nicht einmal dazu herab. Wer seid ihr, dass ihr mich zur Rechenschaft ziehen wollt?"

"Wir haben das Recht dazu. Du bist in unserer Stadt, wir sind keine deiner Knechte! Bedenke das, bedenke auch, dass du unseren Ruf ruiniert hast. Wenn Du Dich nicht vor uns verantworten willst, werden wir keine Gnade mit Dir haben. Das Volk nimmt meine Worte als Wahrheit an und handelt zum ersten Mal nicht danach."Giden geht auf die Bitte ein, denn auch er kennt das Vergehen der Unterdrückung von Rechten.

"Aber ... Aber ich will dir nicht antworten."

"Sünder kann man töten!"

"Aber die Liebe kann man nicht töten!", antwortet Giden.

"Dann sprich. Sag mir, wie die Liebe in deinen Augen anders ist."

"Ich werde dir die Liebe nicht aus meiner Sicht erklären, ich werde dir die Worte der Verse der Liebe erklären! Du wirst den Unterschied selbst verstehen."

Einige der Stadtbewohner kommen zurück. Sie sind neugierig auf das, was ihnen erzählt wurde, und Giden erzählt es weiter, nicht denen, die Rechenschaft verlangen, sondern denen, die offensichtlich darauf warten, ihr zuzuhören...

"Wir sind es, die versuchen, die Liebe in unseren Augen zu beschmutzen. Wir versuchen unbarmherzig und ungerecht, unsere Urteile auf Kosten der Liebe auf diejenigen zu laden, die wir verurteilen wollen. Wir sagen, was wir für richtig halten, und missbrauchen dafür das Wort der Liebe! Ihr könnt der Liebe keine Last auferlegen, wie die Bindung an eure irdischen Rechte durch eure menschlichen Gebote!".

Einer der Zuhörer sagt: "Du, schöne Frau mit einer schönen Seele, freu dich! Erzähle uns deine Geschichte, wir wollen sie hören. Erzähle sie uns, damit wir die Liebe, die aus deinem Herzen kommt, hören und erkennen können".

Giden schaut in die Gesichter der Menschen, die ihr zuhören. Sie sind wie Eichhörnchen, die plötzlich aus dem Winterschlaf erwachen. Giden weiß: Wenn sie jetzt von Regeln, Rechten, Gesetzen und Gerichten sprechen würde, wären das für sie nur undurchdringliche Worte! Denn in den Augen dieser Menschen gibt es einen Irrglauben, der sich 'befleckte Liebe' nennt. Giden fährt fort ...

"Die Liebe ist rein, sie kann nicht schmutzig oder befleckt sein. Es ist das Unrecht, das die Menschen den Menschen antun, das schmutzig ist, dass sie befleckt und sie darin gefangen hält. Gibt es in der Geschichte einen mächtigeren Repräsentanten der Liebe als Jesus? War es nicht dieser Erlöser, der sich vor eine Frau und ihr Volk stellte, die sie als "Prostituierte" verdammten, und zu ihnen sagte: "Wer unter euch ohne Sünde ist, der werfe den ersten Stein"? Es war seine Liebe zu den Menschen, die ihn dazu trieb. Der Mensch kann urteilen, aber gibt es einen anderen Weg, als sich schließlich diesem erhabenen Gefühl zu unterwerfen, das auch die reinigt, die es verurteilen. Auch dieser Erlöser beugte sich der Liebe und der aus ihr geborenen Barmherzigkeit. Er stand vor seinem Volk und stellte sich selbst in Frage, er stellte das Urteil seines Volkes in Frage, das über eine Prostituierte und ihren verzweifelten Zustand geurteilt hatte, aber er stellte niemals die Liebe in Frage. Auch mich wollte man einst verurteilen. Ich habe etwas getan, was ihr in dieser Stadt nach euren Regeln wahrscheinlich ein Verbrechen nennen würdet. Ich habe mich einmal verliebt, aber ich habe das getan, was in der Gesellschaft, je nach Region, manchmal als Verbrechen, manchmal als Freiheit bezeichnet wird, also das, worüber sich die Menschen nicht einig sind. Ich erzähle es euch, damit ihr es wisst…

"Es war vor nicht allzu langer Zeit. Ich war in einer Stadt. Still und leise. Ich meditierte, betete und genoss die Strahlen der Liebe, die immer heller auf mich herabregneten. Der Mann, dem ich in dieser Stadt begegnete, war der Mann, um den es hier geht. Ich nannte ihn damals meine Liebe. Ich konnte ihn nicht jeden Tag sehen, und dafür gab es sogar schwerwiegende Gründe, die ich aber auch kannte und akzeptierte. Eigentlich sollte ich das nicht tun, aber ich war zum ersten Mal in meinem Leben so töricht und gedankenlos. Ich lebte einfach meine Liebe zu ihm in vollen Zügen aus. Nach den Regeln, nach denen ich bis dahin erzogen und geehrt worden war, war Liebe nur dann Liebe, wenn sie mit der Unterschrift auf einem vergänglichen Stück Papier besiegelt wurde. Und was machen die Menschen, nachdem sie ihr Stück Papier unterschrieben haben? Sie haben Sex! Wenn Liebe aber nur mit Sexualität gelebt wurde, dann war sie plötzlich Ehrbruch. Das ist der ewige Beweis dafür, warum die Menschen glauben, über die Liebe bestimmen zu können! Ich war kein Flittchen, die seiner flauschigen Männlichkeit folgte wie eine Katze im Frühling. Es war das erste Mal, dass ich so viel Liebe empfand, die ich in seiner Wärme und Nähe fand. Es war das erste Mal, dass ich so viel Nähe von einem Mann brauchte. Meine Zeit war begrenzt, denn ich wusste, dass er verheiratet war. Und ich wusste, dass er Ehebruch beging. Aber ich ging den Weg meiner Liebe. Ich weiß, wie verwerflich das ist, je nach Perspektive. Aber ich erzähle euch das nur, damit ihr versteht, dass, wenn meine Situation nur unter dem Gesichtspunkt der Liebe zu sehen ist, ich nichts Falsches getan habe, und dass es nicht die Liebe war, die mich dazu getrieben hat. Meine menschlichen Begierden sind nicht die Liebe, und die Liebe ist nicht wegen meiner menschlichen Begierden zu verurteilen. So werdet ihr auch in Zukunft niemanden, der sagt, ich liebe und bin nicht verheiratet, wegen seiner Liebe verurteilen. Wenn Menschen lieben, dann schützt sie. Haltet sie an der Hand und führt sie auf den Weg, den ihr für richtig haltet. Ihr Herz spricht nicht die Sprache eures Verstandes. Habt Mitgefühl, statt über sie zu urteilen..."

Die Zuhörer erkannten, dass dort, wo die Liebe ist, der Mensch nicht mehr denkt, als er denken kann. Und dass der Mensch, wenn er nur mit dem Verstand handelt, die Liebe nicht erfahren kann!

Giden fügt ihren Worten hinzu: "Das bedeutet, dass die Liebe mit ihrem reinen und weißen Gesicht auch dort ist, wo wir sie schmutzig nennen wollen und versuchen, sie zu verleumden! Ich wusste aus Erfahrung, dass ich moralische Grenzen überschritt, aber was hatte meine Liebe mit meinen Übertretungen zu tun? Es war nicht meine Liebe, die ich in

Frage stellen konnte, sondern das, was ich als Mensch tat. Es zeigt sich, dass wir auch über die Liebe urteilen, wenn wir unsere vergänglichen menschlichen Fehler offenbaren. Ich frage euch: Ist es möglich, dass das Gesetz jemanden, der auch nur in der Nähe eines Verbrechers war, mitnimmt und ihn mit derselben Schuld verurteilt, nur weil er bei ihm war?"

"Was ist das für ein Unsinn?", protestiert einer der Stadtbewohner.

"Genau deswegen wolltet ihr mich doch steinigen", antwortet Giden.

Die Stadtbewohner sind beeindruckt von dieser harten Erkenntnis.

Giden erklärt weiter...

"Die Liebe ist eine ewige und freie Wirklichkeit außerhalb der Käfige, in die wir sie zu sperren versuchen. In der sterblichen Welt, in sterblichen Ehen, Partnerschaften und Sexualität sind wir und die sterblichen Regeln, die wir aufstellen, nur vorübergehend.

Wie schön hat Mevlana den Zustand des Liebenden ausgedrückt, als er sagte: "Trinke den Nektar, wenn du schöne Liebe hast, du kennst die Weisheit; was kümmert es dich, wenn die Welt vergeht!"

Den meisten Zuhörern stehen die Augen offen. Sie sind sehr, sehr beeindruckt von dem, was Giden mutig und ohne Angst erzählt.

Einer, der noch nicht ganz aus dem Herzen zuhören konnte, fragt Giden: "Aber wo die Moral verschwunden ist, kann da noch Liebe bleiben, Giden?"

Gidens Antwort ist schärfer als ein Schwert...

"Ist es denn moralisch vertretbar, einen Menschen zu Tode zu steinigen? Wisst ihr, dass eure Tat euch einen Schritt weiter in die Finsternis geführt hätte? Lasst eure Regeln eure Regeln sein. Die Tatsache, dass ihr euch unschuldig fühlt, wenn ihr diese Regeln strikt befolgt, ist bereits Ausdruck eurer Verblendung. Die Tatsache, dass ihr versucht habt, über die Liebe zu urteilen, ist das wahre Verbrechen dahinter. Der Versuch, über die Liebe zu urteilen, der Versuch, die Liebe zu steinigen, ist der Weg, der euch in die Finsternis führt. Seht, ihr seid in dem Versuch gescheitert, die Liebe nach euren irdischen Gesetzen zu richten!

Es gibt eine große Kraft die sich Liebe nennt, die will, dass ich, der Reisende dieser Liebe, hier bin, um euch an dem Versuch zu hindern, diese Liebe zu richten, um euch zu sagen, was ich euch gesagt habe, und glaubt mir, sie ist um ein Vielfaches stärker als ihr.

Ihr glaubt aber, ihr seid über diese Macht erhaben, und das ist schon der größte eurer Irrtümer. Denkt daran, dass das schlimmste Unglück, in das eine Gesellschaft geraten kann, die Entfernung von der Liebe und dem Licht ist, das der Liebe entströmt. Dann verschwindet das Mitgefühl, das zu den wesentlichsten Eigenschaften unseres Menschseins gehört, und die Finsternis und das Böse gewinnen die Oberhand. Hütet euch davor. Wenn ihr es wagt, die Liebe einzusperren, angeblich um des Friedens, der Freiheit und der Ruhe willen, dann werdet ihr Schaden nehmen. Sucht nicht die Moral in der Lieblosigkeit eurer irdischen Gesetze, denn die Liebe ist die schönste Moral für unser Handeln! Die Liebe lehrt uns, alles zu lieben, zeigt uns die Reinheit, zeigt uns das Licht, zeigt uns die Schönheit und erleuchtet unsere Herzen. Auch wenn ihr mich gerne sagen hören würdet: "Sie zeigt auch die Wahrheit", muss ich euch eines lehren: dass dort, wo die Wahrheit ist, auch die Unwahrheit verborgen ist.

Aber ich muss euch sagen, dass die Liebe keinen Platz im Buch des Wahren und Unwahren hat. Eure moralischen und sozialen Grenzen werden von euch im irdischen Bereich festgelegt. Sie richten sich nach euren Bedürfnissen und eurer Region. Ihr könnt sie in den Listen von Gut und Böse in eurem Buch der Regeln anerkennen, die nur in der Sterblichkeit gültig bleiben. Aber die Liebe könnt ihr niemals richtig oder falsch nennen. Dazu habt ihr keine Autorität! Es gibt keine Grenze, in der sie sich befindet, die ihr richtig oder falsch nennen könntet. Ihr könnt sie nicht in die von euch gezogenen moralischen Grenzen einpassen, denn die Liebe ist die schönste Moral! Das ist das Element, das ihr nicht vergessen dürft: Es ist die Liebe zur Menschheit, die uns leitet und es uns ermöglicht, die moralischen Grenzen, die uns umgeben, anzuwenden, ohne jemanden zu verletzen und ohne unserer Umwelt zu schaden. Da ich weiß, dass diejenigen, die gegen die Menschlichkeit verstoßen, bereits aus der Liebe verbannte Wesen sind, möchte ich sie nach dem Gesagten gar nicht mehr erwähnen. Wenn die Regeln streng angewandt werden, verrohen die Menschen oft. Hat euch nicht die Liebe, die ihr heute steinigen wollt, gleich danach

Barmherzigkeit gelehrt? Die Stimme der Lust mag die Stimme der Vernunft übertönt haben. Aber habt ihr ihnen die Möglichkeit gegeben, ihre Fehler in eurem Rahmen zu korrigieren? Wusstet ihr, dass sie auf dem Weg waren, die von euch aufgestellten moralischen Regeln zu befolgen?

Es ist diese Liebe, die euch lehrt, denen, die die Liebe leben, zuzuhören, ihre Liebe zu verstehen, sie mit schönen Augen anzuschauen und ihnen sogar mit Mitgefühl zu begegnen. Denn ich erinnere euch daran, dass es nicht an euch ist, über ihre Liebe zu urteilen, noch ist es an euch, sie im Höllenfeuer zu verbrennen.

Moralische Regeln sind eine freie Entscheidung, die jeder Stamm, jede Gemeinschaft in Frieden mit der eigenen Natur und dem eigenen Gewissen treffen kann. Tut, was ihr als Menschen tut, und glaubt, was ihr glauben wollt. Unterscheidet eure Regeln von der Liebe. Die Liebe ist größer als eure Regeln. Wenn ihr die Liebe verurteilt, wo die Liebe nicht euren Regeln gehorcht, und versucht, sie zu verunreinigen, werdet ihr zu denen gehören, die einen großen Verlust erleiden, denn weder die Liebe wird es zulassen, noch werde ich es zulassen, noch werden die Boten der Liebe, die kommen und die, die schon gegangen sind, es jemals zulassen...".

Mehr hat Giden nicht zu sagen. Der Rest hängt davon ab, wen die Liebe lehrt, wann und wie viel...

Die Stadtbewohner, die sich nun für ihre mörderischen Absichten schämen, manche sogar in Grund und Boden, blicken niedergeschmettert zu Boden. Einige blicken Giden tief in die großen braunen Augen und empfinden Mitleid und Liebe nach all dem, was man ihnen entgegengebracht und gesagt hat. Eine nach der anderen geht auf Giden zu und umarmt sie. Sie bitten die Fremde, die ihnen nach wenigen Augenblicken so vertraut geworden ist, um Verzeihung. Giden erwidert das Mitgefühl der Stadtbewohner und bittet sie, in ihrer Stadt übernachten zu dürfen. Die Stadtbewohner sind überglücklich über Gidens Bitte und öffnen ihr die Türen ihrer Herzen und Häuser. Sie sagen ja und führen sie an einen Ort, an dem sie sich wohlfühlen und gut schlafen wird.

"Du bist eines Palastes würdig, schöne Frau", sagt einer der Stadtbewohner zu ihr.

Giden pflegt keine Absichten, in Palästen zu nächtigen. Sie nimmt sich ein gemütliches Zimmer mit Bett und macht es sich dort bequem...

Ein neuer Tag bricht an...

Noch ist es recht ruhig in den Straßen der Stadt, die nun von der aufgehenden Sonne eines neuen Tages geküsst werden. Eine Katze streift durch die Gassen. Vorsichtig nähert sich ihr ein schön aussehender Mann. Die Katze hat soeben ihr Köpfchen in die Abfalleimer gesteckt, um nach Futter für ihr hungriges Kätzchen zu suchen. Erschrocken blickt sie nun auf den Mann, der sich ihr und ihrem Kätzchen nähert. Doch die Katze merkt schnell, dass der Mann ihr nichts Böses will. Schon in diesem Moment ist eine Entscheidung gefallen und der Hunger der Katze ist der Auslöser für die Gnade der Liebe und dem, was als nächstes passiert.

Das Licht des Menschen mit dem schönen Gesicht und dem guten Geist, der sich zu den Katzen herabbeugt und ihnen einen Bissen Fleisch und eingeweichtes Brot gibt, ist wie das Morgenlicht der Sonne, das durch seine Barmherzigkeit die Welt aus der Finsternis erlöst. Die Barmherzigkeit dieser Menschen ist ein Vorbild für unsere Welt. Aber dieses Licht ist für die, die es sehen, verstehen und annehmen wollen.

Eines Tages wird derjenige, der diesen Weisen zu sich holt, zu ihm sagen: *"Es war deine Barmherzigkeit, die dich zu mir auf diese heiligen Stufen geführt hat, nicht dein einzigartiger Gehorsam mir gegenüber. Es war nicht einmal dein Bemühen, meine Worte unter den Menschen zu verbreiten. Es war deine Barmherzigkeit, geboren und gewachsen aus deinem Glauben, die dich zu diesen Stationen geführt hat! Es war dein Erbarmen mit einer Katze und ihrem Kätzchen."*

Die Straßen, die durch dieses schöne Ereignis mit einem göttlichen Frieden erfüllt wurden, warten nun darauf, dass Giden erwacht. Noch sind die Straßen menschenleer.

Als Giden kurz nach diesem Sonnenaufgang erwacht, öffnet sie ihre Augen für den neuen Tag, der vom Licht des Morgens und seinem Frieden erhellt wird. In ihm herrscht noch Frieden, so wie die Straßen an diesem Morgen durch das Licht der Barmherzigkeit wieder in Frieden sind. Die Symphonie des Sonnenlichts tanzt mit dem weißen Vorhang im Raum. Giden wird bald erkennen, dass die Gefühle, die sie in den letzten Tagen empfunden hat, die Schönheiten, die in ihr geboren wurden, in Wirklichkeit die Liebe sind, die sie jetzt berührt, die sie heute noch würdiger sieht als gestern. Die Stimme, die ihr Herz und ihre Seele anspricht, die Stimme des Lichts, die Stimme der Verse der Liebe. Was Varmış Dede ihr gesagt hat, erfüllt sich Stück für Stück auf dieser Reise.

Sie packt ihre Tasche und verlässt das Zimmer und das Haus, in dem sie die Nacht verbracht hat. Sie geht zum Teehaus, wo die Stadtbewohner ihren Morgentee trinken.

"Guten Morgen, Giden", sagt eine der Stadtbewohnerinnen, die sie auf der Straße in Richtung Teehaus gehen sieht. Giden hat ihre Sachen gepackt und trägt sie an einem Band über der Schulter.

Ein anderer, der ihre gepackte Tasche bemerkt, fragt sie besorgt, ob ihr Gast sie schon verlassen wolle: "Gehst du schon, Giden? Verlässt du uns etwa?"

"Ich gehe, meine Freunde, getreu meinem Namen gehe ich weiter auf meinem Pfad der Erleuchtung". antwortet Giden, während sie die kurze Treppe zum Teehaus hinaufsteigt.

"Na komm mien Kind. Setz dich!"

"Ich kann nicht lange bleiben, meine Freunde!"

"Das verstehe ich, aber trink doch erst einmal einen süßen Tee und iss etwas mit uns. Das gibt dir Kraft für deine bevorstehende Reise."

"Wir werden dich vermissen, Giden. Du hättest länger bleiben sollen. Wir können noch viel von dir lernen über die Liebe, die wir uns so sehnlichst wünschen", sagt ihr eine andere Stadtbewohnerin.

"Ich habe das Gefühl, dass ihr gefunden habt, wonach ihr suchtet", so Giden.

"Das stimmt", sagt einer der Städter.

"Aber wir haben Angst vor dem Rückfall. Was ist, wenn uns die Finsternis wieder einholt?"

"Es gibt kein Hindernis mehr für euch, euch der Liebe zuzuwenden. Ihr werdet die Wahrheit erkennen, wenn Ihr sie seht, da bin ich mir sicher, meine Freunde. So werdet ihr euch auch vor der Gefahr des Rückfalls schützen."

"Wir brauchen einen Boten wie dich, der uns an die Liebe erinnert. Wir sind dir dankbar, Giden, dass du uns vor dem Weg in die Finsternis bewahrt hast!"

Mit diesen herzlichen Worten bringen die Bewohner der Stadt ein weiteres Mal ihre tiefe Dankbarkeit gegenüber Giden zum Ausdruck.

Giden sagt ...

"So wie die Liebe euch für würdig befunden hat, vom Weg der Finsternis errettet zu werden, so hat sie auch meinen Weg zu euch erleuchtet, meine Freunde, um euch an den Weg der Liebe zu erinnern, den ihr verloren habt, und um euch zu helfen, auf diesen Weg zurückzukehren. Da ihr vergessen habt, die Stimme der Liebe zu hören, hat er uns erlaubt, ihr Geheimnis zu entdecken, indem sie mit menschlicher Sprache zu euch spricht, mit meiner Stimme. Hört von nun an wieder mit dem Ohr eures Herzens auf ihre Stimme und seht sie mit dem Licht eurer Herzen und Augen. Nehmt euch in Acht, meine Lieben. Die Anziehungskraft der dunklen Welt ist stark. Diese Macht will zu euch zurückkehren und bietet euch Wege an, die auf den ersten Blick noch einfach erscheinen.

Aber in Wirklichkeit sind diese Wege die Gelegenheiten, die von den Herren der Finsternis denjenigen angeboten werden, die ihre hässlichen Ziele erreichen wollen. Hüten wir uns davor, der Finsternis zu verfallen! Wenn wir von unseren Wegen der Liebe abweichen und uns den Worten dieser Schleicher hingeben, scheinen diese Wege zunächst erleuchtet zu sein. Aber was erleuchtet scheint, ist in Wirklichkeit eine Lüge. Diesen Wegen zu folgen, bringt nur Grausamkeit in unsere Welt. Es lässt uns sogar unsere Verantwortung gegenüber den Menschen vergessen, die wir auf diesen Wegen verletzen, zerbrechen und sogar töten. Es lässt uns die Ehre der anderen vergessen, als ob es sie nicht gäbe, es lässt uns vergessen, für diese Fehler einzustehen. Sie kennen dort weder moralische Regeln noch Grenzen. Die Gewissen, die auf diesen Wegen wandeln und sich allmählich verdunkeln, sind schließlich verblendet und glauben, es gäbe keine Institution, der sie Rechenschaft schuldig wären. In ihrer Selbstsucht sind ihre Gefährten nur noch jene Feuerwesen, und ihr Ziel ist das Feuer, in das sie sich durch ihr Tun und Lassen selbst hineinziehen werden. Seid gewarnt: Die Boten dieser Finsternis können Augen und Gewissen blenden und eine Gemeinde, eine Stadt, ein Land, ja eine ganze Welt in Finsternis hüllen, wenn wir es zulassen!

Wenn wir uns nicht von der Liebe fernhalten wollen, sollten wir uns diese Warnung zu Herzen nehmen und vorsichtig sein. Wenn du fragst, woher sie die Macht haben, uns in die Finsternis zu ziehen, dann haben sie diese Macht natürlich, weil wir es ihnen erlauben. Oder glaubt ihr etwa, dass sie eine allgemeine Erlaubnis für ihre bösen Taten haben?

Erinnert euch: Der Weg zum Licht der Liebe beginnt mit dem Kampf gegen unser Ego-Verständnis, das Nafs. Es ist auch unser Kampf mit der Dunkelheit und den Wesen des Feuers. Auch wenn unser Kampf schwer ist, lohnt er sich. Denn unser Ziel ist immer eine Welt des Friedens, der Barmherzigkeit und der Schönheit! Meine Freunde. Bevor ich mich von euch verabschiede, möchte ich euch danken, dass ihr mir zugehört habt. Denkt daran, dass Fehler manchmal gut sind, weil sie zu Lösungen führen und wir aus ihnen lernen können.

Und wieder auf Reisen...

Schritt für Schritt nähert sich Giden der Stadt, die vor ihr liegt. Ihre jüngsten Erlebnisse und das Gesehene haben sie emotional tief bewegt. Sie ist so aufgewühlt, dass sie sich nicht mehr zurückhalten kann. Unter dem Druck der Tragik des Erlebten und Gesehenen bricht sie in Tränen aus. Zuweilen sind Tränen, die unsere Augen verlassen, wie Medizin für das geschundene Herz. Langsam beruhigt sie sich und wischt sich die Tränen ab. Sie erinnert sich, als sie sich von ihrem Großvater verabschiedete und sich auf den Weg machte, fragt sie sich: *"Wie werde ich jemals die Liebe erklären können?"*

Nun wird sie mit einem so großen Wunder geehrt, dass die Liebe selbst durch ihre Zunge spricht. Plötzlich weht ein seltsamer Wind. Aber die Äste der Bäume stehen still und das Gras steht aufrecht. Es scheint, als ob dieser Wind im Moment nur um sie herum weht. In der Brise dieses Windes beginnt sie, die knarrende Stimme von Varmış Dede zu hören.

Die Stimme des Varmış Dede, die ihr aus der Sprache der Welten entgegenweht, sagt: *"Hab keine Angst mehr, Giden! Denke nicht, dass du Lügen erzählen wirst, denn die Liebe, die du erzählen wirst, wird nicht von den falschen Worten über die Liebe sein, die die Menschen in ihrem irdischen Irrglauben erfinden, sondern die Wahrheiten, die du über die Liebe erzählen wirst, wird dir die Liebe selbst in jedem Augenblick erzählen!"*

Und die Stimme von Großvater Varmış verstummt wieder und zieht mit dem Wind, der sie gebracht hat, davon. Schließlich hört der Wind auf zu wehen.

Diese Stimme war dieselbe, die sie gestern gehört hatte und die sie aufgefordert hatte, aus dem Zug auszusteigen, und Gidens Herz war überglücklich, diese Stimme wieder zu vernehmen. Erst jetzt begreift sie, was geschehen ist. Die Kraft, sich vor die Stadtbewohner zu stellen und sie von einem Mord abzuhalten, gibt ihr auch den Mut, ihren Weg an derselben Stelle fortzusetzen. Die Wege, auf denen die Geheimnisse und die Dunkelheit dem Licht weichen, und alle Schritte, die sie von nun an gehen wird, erscheinen ihr leicht, aber sie kann dennoch nicht verhindern, dass sie sich auf diesem Weg sehr einsam fühlt. Ihr fehlt Gezen, sie vermisst ihn. Sie braucht ihn.

Der Moment der Wiederbegegnung mit Gezen...

Zufall nennen wir Ereignisse, die sich hinter den Vorhängen der Unwissenheit verbergen und die wir nicht sofort auflösen können. Meistens können wir uns nicht einmal einen Reim darauf machen, was da vor sich geht, weil uns das, was wir Zufall nennen, in seiner Begründung verborgen bleibt. Im Reich der Liebe aber gibt es keine Zufälle. Dort, wo die Liebe zu uns spricht, dort treffen sich freier Wille und Ordnung, dort trifft sich der Kompass, den wir als unser Schicksal erkennen, und dort wird uns dieses Schicksal übergeben.

Wer daran unerschütterlich glaubt, braucht keine anderen Beweise als das geoffenbarte Wort, und so ist es für ihn geschehen, was geschieht und was geschehen wird, folgt ebenfalls dieser Ordnung. Giden ist eine von denen, deren Glaube an diese Ordnung der Liebe immer stärker wird. So verlässt sie die irdische Welt des Zufalls und legt ihr Schicksal in die Hände dieser Ordnung, die über uns allen steht. Das alles möchte sie auch ihrem Freund Gezen mitteilen. Nicht nur, weil sie ihm ihr Herz ausschütten will. Sie ist beseelt von dem Gedanken, ihm auch mitzuteilen, was sie erlebt hat und was sie weiß. In der Welt, in der sie lebt, herrscht nun der Bann der Liebe, und es geschieht, was geschehen muss. An der Kreuzung dreier Straßen, an der sie steht, trifft sie plötzlich auf ein Gesicht, das sie kennt und sehr vermisst. Das Gesicht, das sie sieht, ist das Gesicht von Gezen, das hinter einem kleinen Hügel vor ihr auftaucht und sich ihr mit jedem Schritt nähert. Sobald sie sich begegnen, erhellen sich ihre Gesichter, ihre Augen und ihre Herzen, und sie lächeln sich herzlich an.

Giden ruft: Gezen, Gezen! Wie schön, dich zu sehen, Gezen. Ich habe dich so sehr vermisst."

Gezen, die ebenfalls lächelt, sagt mit offenen Armen: "Giden, meine Liebe. Ich wusste, dass ich dich hier finden würde. Komm zu mir!"

Giden läuft auf Gezen zu und umarmt ihn so fest sie nur kann. Gezen bemerkt die Gefühle, die sich in Giden aufgestaut haben, während sie ihn so herzlich und fest umarmt.

Er nimmt Gidens Schultern in seine Hände, schaut ihr mit Tränen in den Augen ins Gesicht und sagt: "Giden, du bist in so tiefe und überwältigende Gefühle gehüllt. Du strahlst im

Licht der Liebe. Aber du weinst ja. Meine Liebe, soll ich mich nun mit dir freuen oder mit dir weinen?"

Gezen wischt sich leicht verlegen lächelnd die Tränen und sagt mit leicht gespitzen Lippen: "Blos nicht mitweinen Gezen, ich brauche dich jetzt nicht-weinend. Ich habe dich so sehr vermisst, Gezen. Du hast mich gefragt, aber ich weiß nicht, wie ich es dir sagen soll. Meine letzten Erlebnisse haben mich sehr mitgenommen. Ich habe sogar Angst, dir zu erzählen, was passiert ist!"

"Du bist aufgeregt. Beruhige dich und erzähle es mir, meine Schöne. Es ist offensichtlich, dass die Liebe deine Sprache gesprochen hat", versucht Gezen Giden zu beruhigen.

"Ja. Es war genau so, wie Großvater Varmış es mir zuvor in der Sprache der Welten gesagt hatte. Die Liebe sprach meine Sprache."

"Aber was ist passiert? Sag es mir, Giden. Sag es mir, damit ich dir helfen kann."

"Es gab einen Verstoß gegen die Verbote, die die Menschen aufgestellt hatten. Wegen dieses Verstoßes haben sie versucht, einen Menschen zu töten. Und ich habe diesen Stadtbewohner in der Sprache der Liebe gewarnt."

"Und was geschah dann?"

"Als ich mich ihnen entgegenstellte, drohten sie, mich auch zu töten, aber dann hörten sie mir mit offenen Ohren zu, als ich sprach, obwohl ich zuerst gar nicht wusste, woher ich diesen Mut nahm. Ich hatte wirklich große Angst, aber es war, als wäre ich auch nicht ich selbst. Es war nicht ich, der da vor ihnen stand, es war wie eine Kraft, ein Licht, das meinen Körper benutzte. Dann erkannte ich, dass dieses

Licht das Licht der Liebe war und das dieses Licht meine Sprache sprach. Zuerst war ich sehr überrascht, aber dann merkte ich, dass sie der Liebe durch meine Sprache zuhörten, und ich konnte nicht schweigen. Dieser Stadtbewohner, der sagte, Liebe sei verboten, der sogar einen Menschen dafür töten wollte, gab auf und hörte mir, der Liebe, zu."

"Und was geschah dann?"

"Sie hörten zu und erkannten, dass Liebe nicht verboten werden kann. Und es war, als hätten sie sich in diesem Moment der Liebe zugewandt."

Als Gezen aufmerksam zuhört, was mit Giden passiert ist, wird ihm klar, dass das, was sie erlebt hat, zu schwer für ein menschliches Herz ist. Es ist nicht jedem Menschen möglich, den Moment, in dem Leben und Tod sich auf einem so schmalen Grat treffen, mit Liebe zu teilen.

Gezen sagt: "So sind die Menschen, meine Giden. Die Menschen benutzen oft ihre Religion, ihre Götter oder sogar die Liebe als Werkzeug für Dinge, die sie für verboten erklären wollen, und versuchen so, sie der Gesellschaft aufzuzwingen. Die wahren Verbrecher sind diejenigen, die den Namen der Wahrheit und der Liebe benutzen, um ihren eigenen Erfindungen göttliche Herrschaft zu verleihen. Wenn die Menschen sich bemühen, die Liebe in ihrer ganzen Gestalt zu sehen, genügt das, um sie zu erleuchten. Es geht nicht darum, dass die Menschen ihre Liebe annehmen und ihre eigenen sozialen Regeln ignorieren, wenn sie es wollen. Das eigentliche Ziel ist das Mitgefühl, das aus der Liebe erwächst, und das Licht in den Herzen, die dadurch erleuchtet werden. Es ist falsch und verbrecherisch zu glauben, dass Liebe verboten werden kann. Eine Gesellschaft, die die Liebe nur noch in diesen Lügen verpackt sieht, hat ihren Untaten immer wieder grausam eine weitere hinzugefügt. Sie kämpfte gegen die Liebe und ihre Macht, und sie war in ihrer Verblendung blind für das Unrecht. Die vergänglichen irdischen Regeln, die die Liebe in den Augen der Menschen eher als störend erscheinen lassen, ja sie durch Verbote aus ihrem freien Zustand verbannen wollen, sind allein menschliche Erfindungen. Das sind alles nur menschliche Erfindungen, um sie unter Kontrolle zu halten. Tun sie das, weil sie die Liebe scheuen, weil sie ihre Macht fürchten?

Sie wissen, wozu der Liebende fähig ist, und die Menschen wollen nicht, dass die anderen mehr Macht haben als sie selbst, die ihnen die Liebe sichtbar verleiht. Sie fühlen sich eigentlich immer ohnmächtig gegenüber der Liebe. Und aus diesem komplexen Gefühl heraus organisieren sie sogar Kriege, um ihre eigenen Regeln durchzusetzen. Krieg? Das lässt die Liebe nicht zu! Mord? Auch das lässt die Liebe nicht zu. Sind die Regeln der Gesellschaft in Gefahr? So soll es sein! Denn die meisten von ihnen sind ohnehin nicht im Einklang mit der Liebe. Sie verdienen es, in Frage gestellt zu werden! Die Liebe wird alles regeln, wenn wir sie nur gewähren lassen! Dem Menschen fehlt im Grunde nur das Vertrauen in diese Allmacht."

Giden und Gezen sitzen müde auf einem umgestürzten Baum am Straßenrand. In der Stille der Natur betrachten sie die Schönheit, die sie umgibt. Während sie die Farben, Geräusche und Gerüche wahrnehmen, fährt Gezen fort...

"Es war die Liebe, die sie erleuchtete, wir können nur die Boten dieser Liebe sein! Wenn wir uns ihr zuwenden, können wir nur ihr reflektiertes Licht auf unser Gesicht, unser Herz und unsere Seele scheinen lassen. Dieser Widerschein wird an unserem Verhalten gemessen. Ihr seid wie ein Spiegel für sein Licht gewesen, das um und in allem in unserer Welt der Liebe leuchtet. Sein Licht wird sich ausbreiten, entweder durch uns oder durch andere, aber schließlich wird es sich ausbreiten und die von Lieblosigkeit zerbrochene Welt beherrschen. Solange es Menschen wie dich und mich gibt, die sich der Liebe zuwenden und ihr treu bleiben. Das bedeutet, dass wir uns dem Licht zuwenden und die Schatten hinter uns lassen. Aber vergiss nicht! Die Liebe existiert auch ohne uns. Der Weg, auf dem das Königtum der Liebe seinen Thron in den Herzen der Menschen errichten und die von ihnen gebauten Mauern aus Stein niederreißen wird, ist der Weg der Reinheit und der Barmherzigkeit. Die Welt wird, in reines Licht getaucht, erkennen, dass sie endlich wieder im Licht der Liebe erstrahlt und sich ihrer Macht bewusst wird.

Die Verse der Liebe sagen: Es gibt keinen Fleck,
den die Liebe nicht reinigen kann!"

Die Liebe ist nicht besitzergreifend,

noch ist sie etwas,

dass man besitzen kann.

Denn Liebe genügt der Liebe.

(Khâlil Ghibran)

Reinheit der Liebe

Die Hitze des Feuers und der helle Schein des Lichts, den die gesprochenen Worte in ihr ausgelöst hatten, lassen Giden erneut in Tränen ausbrechen. Es war so schwer, über diese Dinge zu sprechen, zu diskutieren und zu urteilen, aber es ist eine ganz andere Prüfung für das menschliche Herz, sie gänzlich zu verstehen.

Sie setzt sich und bleibt eine Weile sitzen. Nach und nach schüttelt sie die Müdigkeit einer lieblosen Welt ab, die sie hinter sich gelassen hat, und kniet vor ihr nieder. Giden muss erst lernen, mit dem Licht umzugehen, das neu und so hell in ihr erwacht. Ihr Ursprung ist viel heller als die Sonne. Sie will nicht allein sein mit den Gefühlen, die sie aufwühlen, und wünscht sich, dass Gezen noch eine Weile bei ihr bleibt.

Gezen sagt mit verständnisvoller Stimme zu Giden: "Aber natürlich bleibe ich bei dir. Ich lasse dich nicht allein, Giden."

Er reicht Giden die Hand und hilft ihr sich vom Boden zu erheben.

Mit Hilfe der Hand eines Freundes und der Kraft der Liebe steht sie wieder auf. Sie steht aufrecht, denn sie ist jetzt ein Soldat, stärker, strahlender, mehr mit dem Leben verbunden, aus der Asche geboren, sauber und rein.

Für Giden ist die Welt, die sie nun mit neuem Bewusstsein betritt, die Welt, nach der sich ihre Seele schon immer gesehnt hat. Auch Varmış Dede hatte sich vor ihr nach dieser Welt gesehnt und sie auf seinem Pfad der Liebe erreicht. Ob Varmış Dede Giden jemals in diesem Zustand der Liebe sehen würde? Und ob er stolz auf sie wäre, wenn er sehen könnte, wie weit sie gekommen ist auf der Reise, auf die er Giden geschickt hatte? Die Liebe gibt ihnen Kraft, denn jetzt sind ihre Schritte so leicht wie die Flügel eines Schmetterlings. Sie setzen ihre Reise gemeinsam fort, stolz darauf, die Wunder der Liebe zu teilen.

Was sie sich bisher erzählt haben, hat ihre Herzen erhellt und ihr Vertrauen in die Liebe gestärkt. Gezen und Giden erzählen einander, was sie erlebt haben und wie tief diese Gefühle in ihnen sind. Sie sprechen über den anständigen und reinen Zustand der Liebe. Sie sagen, dass die Liebe über die Flecken in der Vergangenheit der Menschen hinwegsieht. Die Liebe, nicht das Urteil der Menschen, wird euch vor dem Schmutz des hundertschichtigen Gewandes bewahren, das ihr euer Leben nennt und in dem ihr euch allzu oft hinter der Ausrede versteckt, nur Mensch zu sein! Seht in der Zuneigung, die die Liebe in euch weckt, die Reinigung, die sie bewirkt! Dazu genügt es, dass ihr Mitleid habt, dass ihr gute Absichten habt, das heißt, dass ihr euch der Liebe zuwendet. Die Liebe ist das höchste Gefühl, das wir empfinden können.

Die Liebe wächst im Menschen in einem Zustand, der so frei ist, dass er sich nicht in einen Käfig sperren lässt. Sie teilt diese Freiheit mit ihrem Staunen, wenn man das Gefühl hat, in den Himmel zu fliegen. Du siehst dich selbst in einem unbefleckten Licht, du fliegst in diesem unbefleckten Himmel, du gehst auf ihrem Boden und kletterst die Stufen hinauf, die auf dem Boden der Liebe gebaut sind, du kommst näher und näher. Welch ein großes Fest und welch eine Freude, dies zu sehen, zu erleben und zu fühlen. Ihr steigt ein Stockwerk nach dem anderen hinauf und erreicht die höchste Ebene, während ihr euch an ihr orientiert. Man wäscht sein Kleid, bevor man es anzieht, man putzt sein Haus, man bereitet alles vor, bevor der Gast kommt.

Das größte Geschenk ist die Ankunft eines Gastes, der Liebe heißt und der den Weg in ein reines Herz findet. Das ist das Paradies, das uns in einer Welt erwartet, in der die Liebe herrscht.

Aber es gibt Menschen, die nicht einmal der Liebe erlauben, in sie einzudringen und sie zu reinigen. Obwohl sie so viele Möglichkeiten haben, lassen sie sich nicht dazu herab. Wenn sie nicht zuhören, sollen sie auch nicht auf die reine Stimme der Verse der Liebe hören. Hört auf, ihr Putzlappen zu sein, hört auf, ihr Retter zu sein, hört auf, ihr Sündenbock zu sein! Auf euren Wegen werdet ihr auch diejenigen sehen, die sich der Liebe zuwenden wollen, manchmal wieder, manchmal zum ersten Mal. Ihr werdet sie sogar in einer Gruppe von Menschen finden, die versucht haben, euch zu töten. Seid ihnen einfach ein Retter! Nehmt euch derer an, die nicht die Kraft haben, sich weiter zu läutern, nachdem sie den Schmerz aus ihren befleckten Herzen gewischt haben. Wenn sie bereit sind, die Wege zu öffnen, die sie verschlossen haben, reißt die Mauern nieder, in denen sie gefangen sind, und öffnet die Türen, die sie verschlossen haben, und helft ihnen, ihren Schmerz loszuwerden. Seid Licht auf ihrem Weg, nicht Führer! Nach den Worten von Ermiş Hanım und Varmış Dede beherrschte einst die Liebe die Welt und die Menschen glaubten an die Reinheit der Liebe. Die Menschen von heute haben Schwierigkeiten, dies anzuerkennen. Sie sollten die reinste Form der Liebe nicht in der Ferne suchen, denn sie ist uns immer nahe. Um zu erkennen, wie nahe uns die Liebe ist, brauchen wir nur unsere Kinder zu betrachten. Sie sind das schönste und reinste Beispiel der Liebe! Schauen wir genau in ihre Gesichter. Sie sind es, die die Liebe ohne jede Erfahrung leben und die keinen Schmerz, den sie erleiden, der Liebe zuschreiben. Für sie ist die Liebe ein großes Ganzes, das überall mit seinen Farben und seinem Licht existiert.

Wir haben diese Ganzheit und Reinheit der Liebe vergessen. Sind nicht wir es, die mit unserer Arroganz versuchen, die Liebe zu erniedrigen, indem wir meinen, wir hätten das Recht, einen Menschen von seinen vergangenen und befleckten Lieben zu reinigen? Der Körper eines Menschen wird gereinigt, wenn nötig in einem Bad, und wenn er auch dort nicht gereinigt werden kann, dann wird er schließlich gereinigt, indem man ihn auf eine Aufbahrung legt. Aber die Liebe kann weder so noch anders gereinigt werden. Denn die Liebe ist bereits die Sauberkeit und Reinheit selbst. Es sind die Verse der Liebe, die uns darüber informieren und uns ihre Schönheit und ihre Reinheit zeigen! Denke, oh Mensch, ist es nicht schön, dass es ein Licht gibt, das nur die Reinheit, die Sauberkeit und die Schönheit der Menschen und der Welt will? Dieses Licht ist in den Versen der Liebe zu finden. Es ist die Liebe, die darauf wartet, dass du dieses Licht siehst, verstehst und dich ihm zuwendest, während du diese Verse liest.

Letztendlich wurden diese Verse, die Verse der Liebe, geschrieben, um uns bewusst zu machen, dass wir die Liebe in jedem Moment, überall und in jedem Wesen erfahren, verstehen und leben können. Wenn dir eines der schönsten und reinsten Gesichter der Liebe gezeigt wird, siehst du darin manchmal die Person, in die du verliebt bist. Das ist einer der schönsten Zustände der Liebe, die es für einen Menschen geben kann. Dennoch haben wir Menschen oft versucht, die Liebe in unseren eigenen Käfigen einzusperren, anstatt sie in ihrer schönsten Form anzunehmen. Wir haben gesagt: "Liebe in Kombination mit Sexualität allein ist verboten. Und Liebe in Kombination mit der Ehe ist das Beste für den Menschen". Aber es ist falsch, dass wir Menschen versuchen, sie in unsere Käfige zu sperren!

Liebe, in einem anderen freien Ausdruck, ist in allem enthalten, in jeder Beziehung möglich. Sie werden dich fragen, wie du dich der Liebe überhaupt zuwenden kannst. Sie ist keine Wand, der man sich zuwenden kann. Wie willst du ihnen erklären, wie sie sich einem Gefühl zuwenden können? Sie bitten um Führung. Sagt, wendet ihr euch nicht der Wärme des Feuers zu, wenn ihr friert? Wenn ihr in der lieblosen Welt friert, wendet euch ihrem Licht zu. Es ist überall. Habt keine Angst vor einer vermeintlich falschen Richtung. Es gibt nur eine Richtung, und euer Herz wird sie kennen!

Es ist ein Feuer, das wie Feuer aussieht, aber weder deine Hand noch dein Herz verbrennt! Erinnert euch: Wenn wir die Liebe annehmen könnten, würden wir nicht von ihr verbrannt werden, aber aufgrund dessen, was man uns gesagt hat, haben wir sogar angefangen, uns davor zu fürchten, dass das Feuer der Liebe uns verbrennen und versengen könnte, während die Liebe euch vor dem Bösen schützt und davor, in das Feuer der Welt der Finsternis hineingezogen zu werden, das euch tatsächlich verbrennen wird.

Wenn dein Herz voll Glauben ist,
warum fürchtest du dich
vor dem Sensenmann?
Wenn dein Herz voll Liebe ist
warum fürchtest du dich
vor der Dunkelheit?

(Anonym)

Wende dich der Liebe zu und bleibe ihr in diesem Zustand für immer treu. Wenn du dich verliebt hast, ändere nicht sofort deine Meinung über die Liebe und versuche nicht, sie wieder zu fesseln! Denn der schlimmste Verrat an der Liebe ist der Versuch, sie aus Rebellion zu fesseln. Versucht nicht, die Liebe zu vertreiben, indem ihr euch im Schmerz windet, nachdem ein Mensch euer Leben verlassen hat. Das ist eine Abkehr von der Liebe, die nicht nötig ist. Denn die Liebe hat euch nicht geschadet, solange dieser Mensch in eurem Leben war. Sie wird euch auch nicht schaden, wenn dieser Mensch nicht mehr da ist. Lebt sie immer in ihrer Reinheit und Sauberkeit. So wie einst der Diener Gottes von Nimrod ins Feuer geworfen wurde und dennoch nicht darin verbrannte, weil er an seinen Gott, an seine Liebe glaubte, so wird euch eure Liebe vor dem Feuer bewahren, das die Finsternis entfacht. Wegen eurer Treue zur Liebe wird euch von ihr kein Leid geschehen.

Auch wenn es auf kurze Sicht keine Strafe dafür zu geben scheint, sich nicht der Liebe zuzuwenden und ihren Namen falsch zu gebrauchen, so wissen wir doch, dass das Voranschreiten auf einem Weg ohne sie, den Menschen von innen her verfaulen lässt. Solange er ohne Liebe bleibt, ist er in der Finsternis gefangen, aus der es keinen Ausweg zu geben scheint. Ihr Leben und ihr Inneres sind wie das eines Steins, der seit Jahrhunderten im Wasser liegt. Auch wenn das Wasser diese Steine umgibt, kann es nicht in sie eindringen. Wie diese Steine sind sie innen trocken und dunkel, ohne sich der Liebe zu öffnen. In ihrem trockenen und dunklen Zustand können sie den wahren Geschmack und die

Schönheit der Liebe, den wahren Geist der Liebe nicht spüren. Sie werden ihr Licht nie sehen. Das ist die Strafe für die blinden, dunklen Boten. Dieser Zustand, in dem sie sich befinden, ist keine Strafe, die ihnen von der Liebe auferlegt wurde. Es ist eine Grausamkeit, die sich diese Geschöpfe selbst zugefügt haben, eine schwere Strafe, die sie sich selbst auferlegt haben! Der Mensch ist allein verantwortlich für die Antworten, die er auf seinem Lebensweg vom Universum erhält, sowohl für seine guten als auch für seine bösen Taten.

Diejenigen, die die Antworten des Universums auf ihre bösen Taten verfluchen, wissen nicht einmal, wer für diese Antworten verantwortlich ist. Es sind diese Blinden, die nicht sehen können, dass die Liebe ein schönes Licht über allem ist und ihre Taten denen offenbart, die sich der Liebe zugewandt haben. Sie stehen nackt mit ihrer Sünde da, während sie glauben, dass ihr Lügenmantel sie vor durchdringenden Blicken schützt. Statt zu verfluchen, können sie nicht einmal daran denken, sich der Liebe zuzuwenden, aber auch dafür gibt es eine Entscheidung, die für diese Menschen getroffen wurde. Die Antwort der Liebe und des Universums ist gewiss.

In diesen Zeilen, die wir lesen, sind wir Zeugen zweier Herzen, die, erleuchtet und erzogen durch so viele Worte, die Liebe noch inniger und aufrichtiger umarmen. Die Nähe ihrer Herzen verdankt sich ihrer Treue zur Liebe. Obwohl sie physisch oft weit voneinander entfernt sind, sind sie sich in der Liebe immer nahe. Und die Zeit ist wieder die Zeit der Trennung ihrer Körper, die zwei Seelen tragen, die eigentlich eins sind. Auch wenn die Wege, die ihre Füße gehen, und die Schritte, die sie machen, für die Gezen nach Westen und für die Giden nach Osten führen, sind die Schritte, die sie in Liebe gehen, immer der Weg zur gleichen Seite. Sie halten sich an den Händen und spüren einander, bis sich die letzten Finger auf ihren getrennten Wegen berühren. Diese Trennung wird für sie nur von kurzer Dauer sein...

Rein zu sein heißt nicht,

keine Vergangenheit zu haben.

Es heißt auch nicht, ohne Sünde zu sein.

Es heißt nicht ohne Fehler zu sein.

Rein sein bedeutet ausschließlich

der Liebe treu zu sein und

in ihrer Reinheit Zuflucht zu nehmen!

(Hasan H. Aydogan)

Das Wunder der Liebe

Gezen ist nach einer langen Reise in der Nähe einer kleinen, aber wunderschön anmutenden Stadt angekommen. Er bleibt stehen, lauscht dem Gesang der Vögel, hört aus der Nähe das Blöken von Schafen und spürt schlicht den Wind, der ihm um den Kopf weht. Von dort, wo er jetzt steht, kann er die Stadt sehr gut von außen bewundern und schaut sie lange und neugierig an. Er sieht eine Frau, die in der Nähe die Schafe hütet, die er hört, und geht direkt auf sie zu. Die Schäferin trägt eine schöne und traditionelle Schäferweste über der Schulter und hat ihre Augen auf die Schafe gerichtet.

Er spricht sie erst mit "Hallo Schäferin!" an und denkt kurz nach: *"Ich frage mich, ob ich unhöflich war"* und sagt ihr dann: "Ich entschuldige mich, ich hoffe, dass eine Schäferin hier bei euch ebenso eine Schäferin genannt wird?"

Die Schäferin dreht sich zu ihm um. Ihr Blick ist ernst. Sie antwortet Gezen: "Und wie soll man einen Hirten anders nennen, wenn der Hirte eine Frau ist, Fremder?"

Gezen entspannt sich und sagt: "Dann bin ich froh, dass ich nicht unhöflich war. Ich möchte dich etwas fragen, wenn ich darf."

"Natürlich. Frag nur, Fremder", antwortet die Schäferin.

"Ich möchte gern Gast sein in dieser schönen Stadt. Bist du von hier, kennst du diese Stadt? Kannst du mir bitte sagen, was für Menschen ich dort treffen werde?"

"Jetzt werde ich dir eine Frage stellen, Fremder. Was hast du in der Stadt gefunden, aus der du gekommen bist? Was für Menschen haben dort gelebt?"

Gezen kann diese seltsame Frage, mit der er nicht gerechnet hat, nicht sofort beantworten. Sie ähnelt der Frage, die der alte Mann in der Stadt gestellt hatte, die sie zuvor besucht hatten.

Der Alte fragt: "Was habt ihr in unsere Stadt mitgebracht?" Sie antworten: "Was sollen wir euch mitbringen, mein Onkel? Wonach sehnt ihr euch?"

Er fragt sich, welche Antwort er jetzt bekommen würde, wenn er eine andere als die erwartete Antwort geben würde.

Und sein Irrweg beginnt.

Er sagt: "Das waren alles hinterhältige, schlecht gelaunte Leute. Das waren alles Betrüger. Sie haben mich traurig gemacht. Na und?"

Die Antwort der Hirtin wird ihm eine große Lektion sein.

"Sieh, Fremder, in dieser Stadt wirst du genau dieselben Leute finden. Alle sind Betrüger, alle sind Lügner und Schwindler. Wenn ich du wäre, würde ich meinen Weg fortsetzen und niemals diese Stadt betreten", und dann wendet sie ihr Gesicht von dem Fremden ab und setzt ihren Weg mit ihren Schafen fort.

Diese Antwort der Frau macht Gezen sehr unruhig. Sein Geist ist verwirrt, und er kann wegen seiner Lüge nicht mehr aufrecht stehen. Könnte das, was der Hirte gesagt hat, wahr sein? Zu seiner Müdigkeit und der dennoch aufsteigenden Neugier, die er in diesem Moment empfindet, ertönt eine geheimnisvolle Stimme in der Sprache der Welten, die ihn in diese rätselhafte Stadt ruft. Eine Stimme voller Anmut, die will, dass er seine Lektion lernt und seine Seele wieder aufrichtet...

Gezen fragt sich: *"Was wird er hier wohl vorfinden?"* War es das, was ihm die Schäferin erzählt hatte, würde er der Lüge begegnen, die er sich ausgedacht hatte? Irgendwie war klar, was derjenige vorfand, der den Liebesweg einschlug. Er wird Glück, Frieden und Barmherzigkeit finden. Aber was ist mit denen, die den Weg der Lüge gehen? *"Ich wünschte, ich hätte ihr nicht so eine Antwort gegeben"*, murmelte er wütend vor sich hin und lief verärgert über sich weiter.

Irgendwie schafft er es nicht, gleich in die Stadt hineinzugehen und beschließt, sich erst einmal hinzusetzen und sie von außen zu betrachten. Stundenlang sitzt er am Fuße einer Anhöhe. Er denkt nach und beobachtet...

Und Giden...

Giden hört auf die Stimme ihres Herzens, erfüllt von der monatelangen Sehnsucht nach dem Freund, dem Gefährten und der Hoffnung, Gezen zu finden, und geht nach Westen, in die Richtung, in die Gezen lief, als er sie verließ. Da Giden weiß, dass die Liebe sie schon einmal zusammengeführt hat, überlässt sie ihre Sehnsucht nach Gezen diesmal der Liebe. Sie sucht nicht mehr, sie findet. Dieses mächtige Gesetz der Liebe, das unsere menschliche Vorstellungskraft übersteigt, zieht die beiden Würdenträger zueinander, führt sie in die Nähe einer besonderen Stadt. Noch weiß Giden nicht, dass sich auch Gezen in der Nähe dieser besagten Stadt befindet. Für Zufälle haben die beiden nichts mehr übrig! Mit einer süßen Aufregung, die ihr Herz höher schlagen und ihr Seele frohlocken lässt, nähert sie sich der lieblichen Landschaft. Sie bemerkt ebenfalls die Hirtin, die ihre Schafe hütet. Sie geht auf sie zu.

"Entschuldigen Sie, Frau Schäferin, ich bin gerade in der Nähe dieser Stadt angekommen. Sind Sie von hier?"

"Ja, Fremde, was kann ich für dich tun?", fagt die Schäferin.

"Können Sie mir sagen, was für Leute ich in dieser schönen Stadt treffen werde? Was werde ich dort finden?"

Die Hirtin antwortet auf diese Frage, die sie heute zum zweiten Mal hört, mit der gleichen Frage, die sie zuvor Gezen gestellt hat.

"Weißt du noch, woher du gekommen bist? Was hast du dort vorgefunden, o Fremde? Was für Menschen waren dort?"

Giden lächelt. Ihre Antwort ist ganz anders als die falsche Antwort ihres Freundes.

"Als ich dort ankam, sah ich, dass sie einen Mord begangen hatten und einen weiteren begehen wollten. Sie verzichteten darauf, denselben Fehler zu wiederholen. Sie wandten sich der Liebe zu. Sie erinnerten sich an die Liebe. Sie erkannten, dass die Liebe nicht nur ein Märchen von "Es war einmal" ist, und nach all dem nahm ich Abschied von Menschen, die anders, schöner und erleuchteter waren, als ich sie vorgefunden hatte. Von einem Ort, an dem jeder am Ende der Geschichte ein Lächeln auf den Gesichtern hatte."

Auf dem Gesicht von Giden ist ein Gefühl des Glücks zu erkennen, als sie diese Worte wiedergibt.

Die Hirtin gibt eine passende Antwort auf Gidens Worte: "Du wirst in dieser Stadt Menschen finden, die immer lächeln. Sie haben alle schöne Gesichter, sie sind alle sehr schön, voller Mitgefühl. Wenn ich du wäre, würde ich diese Stadt unbedingt besuchen und diese Schönheit aus erster Hand erleben!"

Giden ist begeistert und bedankt sich herzlich bei der Schäferin.

Sie sagt: "Dann möchte ich diese Stadt besuchen und die Menschen kennen lernen, die hier leben. Ich bin neugierig. Sag mal, sind die Leute hier auch so nett wie du?"

"Sag ich doch, freundlich und hübsch!"

Die lächelnde Schäferin geht zu ihren Schafen zurück. Giden geht, ohne Zeit zu verlieren, in die Stadt. Dort lernt sie jeden, den sie trifft, persönlich kennen und führt mit ihnen tiefe, emotionale Gespräche. Alles entspricht ihren Erwartungen und den Voraussagen...

Und Gezen...

Gezen betritt die Stadt, nachdem er stundenlang mit Unbehagen am Stadtrand gewartet hat. Er ist immer noch nervös. In der Stadt angekommen, schaut er sich erst einmal um. Er sieht Menschen an sich vorbeilaufen, und die Gesichter der

Menschen, denen er begegnet, sind seltsam, ja beängstigend. Keiner von ihnen lächelt, und man kann die Unzufriedenheit in ihren Gesichtern lesen. Oder hat sich einfach erfüllt, was die Hirtin vorausgesagt hat? War sie eine Hexe oder haben sich seine Erwartungen erfüllt, die in der Lüge verborgen waren? Seine Bemühungen, mit jemandem zu sprechen, sind vergeblich. Er kann niemanden aufhalten, mit niemandem auch nur ein kurzes Gespräch beginnen.

Die Stadt der Spiegel...

Diese Stadt hat ihr eigenes Geheimnis, das mit der jeweiligen Geschichte der beiden neuen Besucher einher geht und diese widerspiegelt. Der Zauber der Stadt, die einst Tante Ermiş und Großvater Varmış beherbergte, liegt darin, dass sie für ihre Gäste ein Spiegel ist. Giden und Gezen, die sich dessen noch nicht bewusst sind, werden bald die Geheimnisse dieser Stadt entdecken. Gezen sieht die Belohnung für seine Lüge und Giden findet die Wahrheit, die sie erzählt.

Gezen versucht weiterhin verzweifelt, aber auch ein wenig panisch, jemanden anzusprechen. Plötzlich kommt ein schlecht gekleideter, verwahrlost aussehender Mann auf ihn zu und beschimpft ihn verächtlich.

"Was willst du, was suchst du hier?", sagt er mit unfreundlichen Worten, die nicht gerade ein herzliches Willkommen oder gar Vertrauen erwecken.

"Ich reise von Land zu Land, erzähle von der Liebe, höre auf die Liebe", sagt Gezen in schüchternem Ton.

Der Städter lacht über seine Antwort. Sein Lachen ist kränkend und hässlich.

"Sagtest du Liebe? Liebe? Siehst du, was die Liebe aus mir gemacht hat?"

"Dein Beklagen ist laut, und dein Betragen mir gegenüber ist auch nicht gerade höflich, ja. Deine Haltung ist auch nicht gerade eines Mannes deines Alters würdig ... Aber bei allem Klagen ist es dennoch nicht die Liebe, die dir das alles angetan hat, mein Freund!"

"Und was war es dann, Fremder? Ich habe jemanden geliebt, von dem ich wusste, dass sie mich eines Tages betrügen würde. Ich wusste, dass dieser undankbare Mensch mich verlassen würde. Und was geschah? Sie hat mich betrogen, sie hat mich verlassen!"

Angesichts des Leidens des Mannes erwacht in Gezen ein Gefühl des Mitleids.

Gezen setzt sich auf eine Bank am Straßenrand und sagt zu dem Mann: "Komm, setz dich neben mich. Mein Name ist Gezen. Bitte erzähle mir, was du durchgemacht hast!"

Der Mann beginnt zu erzählen. Es war eine lange und komplizierte Geschichte.

Gezen sagt zu ihm: "Ich verstehe dich, aber zuerst musst du mir eine Frage beantworten. Wenn ein Mensch von einer Beziehung in eine andere wechselt, warum bringt er dann so viele schlechte Gefühle mit sich, mein schöner Bruder? Wenn ein Mensch neu anfangen will, nimmt er dann nicht auch gute Hoffnungen mit?"

"Das verstehe ich nicht, Gezen!"

"Nimm immer gute Gefühle mit, wohin du auch gehst."

"Und wie? Setzt sich ein Mensch nicht aus seinen Erfahrungen zusammen?"

"Natürlich, aber das sollte nicht unser Schicksal bestimmen. Du kannst es Erinnerung, Erfahrung oder Schicksal nennen, aber wenn deine vergangenen Erfahrungen schlecht waren, sollten sie deinen Geist, dein Leben und sogar dein Schicksal nicht überwältigen. Sie sollten dein Herz nicht blind machen für die Möglichkeiten, die dir das Leben und die Liebe bieten."

"Bin ich jetzt etwa blind?"

"Diejenigen, die die Liebe verfluchen für das, was sie erlebt haben, sind undankbar, ja. Denn die Liebe, so sehr sich der Mensch auch gegen sie auflehnt, baut ihre Möglichkeiten wieder auf, um sie zu kompensieren, und bietet sie uns an. Es ist der Mensch, der die Augen davor verschließt. Seine entschuldigenden Begründungen stehen immer zur Hand: Schicksal, Schicksal und nochmals Schicksal..."

Ein großer Meister der Liebe hat uns einst in seiner Gottergebenheit gelehrt: "Komm wieder, wer immer du bist", sagte er. Wenn die göttliche Tür so offen ist, dann ist auch die Tür der Liebe offen!"Aber wie kann ich diese Tore sehen? Diese Frau hat mein Herz blind gemacht.

"Ist sie noch da?"

"Nein. Ich sagte doch, sie ist fort."

"Dann sende ihr den Schleier nach, den sie über deine Augen und dein Herz gezogen hat."

Der Mann sitzt mit angespanntem Miene da. Er starrt mit weit aufgerissenen Augen direkt auf Gezens Mund, der die Worte ausspricht. Während die beiden so dasitzen und sich vertieft unterhalten, gehen einige Leute an ihnen vorbei und beginnen laut zu reden. Sie sprechen von einer Frau mit schönen Worten und einem noch schöneren Gesicht. Sie sei neu in der Stadt und sage große Worte über die Liebe.

Gezen erkennt sofort, dass es sich bei der Frau um Giden handelt. Die Tatsache, dass sie in der gleichen Stadt sind, ist eine neue Gunst der Liebe in ihrer Welt, in der sie das Reich der Zufälle verlassen und das Schicksal selbst in die Hand nehmen. Vor Aufregung sprang Gezen sofort auf und ergriff den Arm des Mannes, der immer noch benommen neben ihm saß,

"Komm mit mir", und er begann sofort zu laufen.

"He, halt! Wohin bringst du mich?", sagend will der Mann seinen Arm zurückziehen.

"Komm, komm, steh auf und folge mir! Dein Heil, mein Freund, liegt einzig und allein in den gütigen und liebevollen Worten derer, die wir gleich zuhören werden."

"Gehen wir zu jenem, zu dem soeben gesprochen wurde?"
"Ja."

"Und kennst du sie denn etwa?"

Gezen hält kurz inne, greift sich ans Herz und antwortet: "Manchmal mehr, als ich je gedacht hätte."

Der Mann folgt dem Gezen, den er gerade kennengelernt hatte, durch die Stadt auf der Suche nach Giden. Und am Ende findet er den Anblick, den er erwartet hatte. Um Giden herum ist eine Menschentraube. Sie scheint zu leuchten wie ein Feuer, das alle in der Mitte erhellt. Gezen ruft ihr voller Freude zu. Giden aus erkennt ihren Freund und ist sehr glücklich, dass er es ist, der ihren Namen ruft. Sofort steht sie auf, läuft auf ihn zu und umarmt ihren Freund Gezen voller Liebe.

"Gezen, wie schön, dich hier zu sehen. Komm her! Ich bin unter anderem in diese Stadt gekommen, um dich zu finden. Jetzt bist du hier. Dank der Liebe. Aber warum siehst du so deprimiert aus? Und der Mann neben dir sieht noch deprimierter aus als du, sehr unglücklich! Warum?", fragt Giden mit Sorge.

"Hör dir seine Geschichte an und sieh selbst, meine liebste Giden. Lass dich nochmal drücken bitte!"

"Gezen. Schau dir die Städter an. Alle lächeln hier! Warum lächelt er nicht?"

Der unglücklich aussehende Mann mischt sich ein und sagt: "Mein Gesicht lächelt nicht, weil mir jemand das Lächeln genommen hat. Bruder Gezen hat gesagt, dass du mein Heilmittel wärst. Bitte zeige mir, wie ich wieder lieben kann, Schwester Giden. Bitte!"

Giden antwortet dem Mann: "Er hatte vollkommen Recht. Komm, setz dich und lausche uns zu. Sieh dir den hübschen Mann hier neben mir an! Bevor du gekommen bist, hat er uns erzählt, dass er letzte Woche eine wunderschöne Frau kennengelernt hatte. Sie haben die Liebe gefunden und einander sehr geliebt. Sie haben sich nichts versprochen, sie haben sich zu nichts verpflichtet, was ihre Herzen verschlossen hätte. Sie liebten sich, indem sie ihre Körper, ihre Seelen und ihre Gefühle miteinander verschmolzen. Es begnügte sich, einander zu sagen: *"Komm zu mir"*. Und sie gingen einander bei jeder Gelegenheit entgegen, als wollten sie sagen: *"Ich bin bei dir, wenn du mich rufst, wenn du mich brauchst, auch wenn ich an beiden Händen gebunden bin."*

Mit dieser Haltung der Liebe wurden sie einander zum Spiegel. Für die, die man mag, hat man Zeit, für die, die man liebt, nimmt man sich Zeit - das haben wir von ihm gelernt.

Doch dann verließ das Mädchen, dem er sich mit Lust, Liebe und Mitgefühl genähert hatte, diese Stadt. Wir haben in dem, was uns dieser junge Mann in wenigen Augenblicken erzählt hat, gesehen, dass er, auch wenn er sie vermisst, auch wenn er wütend ist, dass sie nicht mehr da ist, auch wenn er sogar ein wenig trauert, immer noch in der Lage ist, das Glück der Liebe, die er erfahren hat, und die Wirkung der Schönheit, die ihm geblieben ist, mit einem Lächeln um sich herum zu spiegeln! Wie ist das möglich?"

Und wenn die Liebe die Fragen beantwortet...

Das Glück der Liebe sollte sich in unseren Gesichtern widerspiegeln, so wie das Lächeln des jungen Mannes. Das Glück hängt nicht von der An- oder Abwesenheit eines Menschen ab. In unserer trügerischen Welt glaubten wir, dass die Liebe kommt und geht. Wir verbanden die Existenz oder Nichtexistenz der Liebe, ja sogar unser Glück mit der Präsenz einer bestimmten Person in unserem Leben, die wir dann "meine Liebe" nennen konnten. Und wenn sich die Liebe in dieser kleinen, vermessenen Welt mit dieser Person von uns entfernte, schien sie uns zu verbrennen, wie es dieser widerborstige Mann beschrieb. Aber wir erkennen, dass die Liebe ein Gefühl ist, das uns immer glücklich machen kann.

Man sieht die Liebe überall, wohin man auch blickt, wie in dem wirbelnden Derwisch. Der Sofi sucht einen Zustand, nicht eine Regel in seiner Semah. Auch du lebst die Liebe im Zustand derer, die die Liebe finden, so wie dieser junge Mann lebte. Er lebte die Liebe in ihrem natürlichen und wahrhaftigen Zustand. Waren unsere Lieben es dann nicht wert, in Märchen, Büchern und Liedern beschrieben zu werden? Waren unsere Gefühle, die Freuden und Schmerzen, die wir erlebt haben, vergebens? Nun, wenn eure Liebe in diesen Versen niedergeschrieben wäre, würden uns diese Schriften wirklich etwas über die Liebe sagen? Sicher nicht! Wären diese Märchen, Lieder und Bücher nicht voll von Worten, bitteren oder süßen Ratschlägen, die in der Sprache der Menschen von dem erzählen, was sie erleben?

Und würden diejenigen, die sie lesen, die Liebe nicht als eine simple und manchmal schmerzhafte Erfahrung betrachten und versuchen, die meisten von ihnen zu vermeiden? Wenn es uns jedoch gelingt, die Liebe nicht als Spiegel unserer Erfahrungen zu sehen, sondern als ein erhabenes Ganzes, das sich von ihnen unterscheidet, erkennen wir ihr Licht und ihre Kraft, die es uns ermöglichen, uns von unseren bescheidenen Gedanken zu befreien. Wir befreien uns davon, Sklaven unseres Nafs zu sein. Wir vergessen das Böse, das uns angetan wurde, und erkennen, dass diejenigen, die uns verlassen, nicht die Liebe repräsentieren, sondern unsere universellen Bewährungsproben. Das sind die Realitäten unserer menschlichen Verantwortung. Die Liebe trägt keine Verantwortung, die wir ihr durch unsere Prüfungen auf unserem Lebensweg auferlegen können!

Es ist die Liebe, die uns die Sehnsucht spüren lässt, die uns sogar auch diejenigen lieben lässt, die uns verlassen haben, auch in der Sehnsucht nach ihnen. Es ist auch die Liebe, die in uns den Wunsch erweckt, dieses Gesicht noch einmal zu berühren und nicht in die Gesichter derer zu spucken, die von uns gegangen sind. In dem Herzen, das sich ihm zuwendet, ist kein Platz mehr für Hass! Dieses Wunder der Liebe lässt uns manchmal sogar den Schmerz eines gebrochenen Herzens vergessen. Glücklicherweise, wenn wir verstehen, was die Liebe uns wahrhaftig sagen will, setzen wir unseren Weg als erleuchtete Menschen fort. Wohin dieser Weg im menschlichen Verständnis führt, ist für diejenigen, die diese Wahrheit erreicht haben, von geringer Bedeutung, denn dieser Weg führt immer zum Glück, immer zum Licht, zur Wahrheit und zur Erleuchtung.

Und dieses Glück beginnt am Anfang des Weges mit dem Licht auf den Pfaden, in der Mitte mit der Erkenntnis und am Ende mit der Erleuchtung der Seele. Es gibt unter uns Menschen, die es wagen, ihren Glauben an unsere Schöpfung und an die Welten, in die wir gehen werden, mit eigener Feder auszudrücken und sich nicht mit den Befehlen zufrieden zu geben, die uns geoffenbart werden.

Warum sollten diejenigen, die es wagen, die Gebote zu parasitieren, die zu erklären wir Demütigen nicht in der Lage sind, sie in ihrer eigenen Sprache zu interpretieren und sie nach ihrem eigenen Nutzen auszurichten, es nicht auch wagen, der Liebe eine Gebrauchsanweisung beizufügen? Die Liebe ist von diesen Anweisungen ausgeschlossen. Unsere Unfähigkeit, die Liebe vollständig zu erklären, hindert uns nicht daran, vollständig an sie zu glauben. Glauben bedeutet manchmal, ohne Beweise zu wissen. Aber welche Beweise brauchen diejenigen, die weder an die Schöpfung noch an die Existenz der Liebe bedingungslos glauben? Auch für sie ist die Liebe Begründung genug.

Der schönste Beweis ist, mit der Freude des Lichtes zu leben, das die Liebe unserem Leben schenkt, und uns selbst, unsere Umgebung und die ganze Schöpfung mit der Sehkraft zu betrachten, die die Liebe unseren Herzen schenkt! Das Wunder der Liebe, das in den Versen der Liebe beschrieben wird, lehrt uns, besser auf uns selbst zu achten, unsere Mitwelt zu schützen und alle Wesen bedingungslos zu lieben. Wer die Grenzen des Verstehens überschreitet, erreicht die Fähigkeit, die Wesen um ihrer Existenz willen zu lieben. Das Wunder der Liebe besteht darin, die Fehler der Wesen zu verzeihen, wenn es welche gibt, ihnen zu entschulden, Barmherzigkeit zu zeigen und die Liebe nur um des Glücks willen zu leben, das die Liebe schenkt. In einer Welt, in der die Liebe bereits vorherrscht, wird es nicht nötig sein, Fehler zu verzeihen. Dieser Glaube, der zeigt, dass die Wesen eins sind, wird sie wissen lassen, dass sie sich gegenseitig spiegeln. In der Welt, in der wir uns immer selbst begegnen, ist die Stadt der Spiegel überall. Der wahre Weg, sie zu entdecken, ist wiederum die Liebe! Dieses Wunder ist in den Versen der Liebe niedergeschrieben.

Das Ende des Gesprächs...

Das Gespräch mit den Menschen ist nun zu Ende und die Zuhörer sind alle in ihre Häuser zurückgekehrt. Nur Gezen und Giden sitzen noch um das Feuer, das inzwischen kleiner geworden ist. Gezen schaut in Gidens Augen.

"Weißt du noch, Giden, dass die Liebe früher wie eine bittere, ätzende Lauge war?"

"Das war nur die Folge der Befriedigung unserer Wünsche, Gezen. Liebe ist weder schmerzhaft noch ätzend. Der Schmerz und die ätzende Lauge sind nur in den Herzen, die sich von ihr abwenden. Dann machen die Menschen die Liebe dafür verantwortlich."

"Du hast so vollkommen recht, Giden. Als ich in diese Stadt gekommen bin, habe ich gesehen, dass sogar meine Lüge Wirklichkeit werden konnte."

"Was meinst du damit?"

"Sag es mir, bist du am Eingang der Stadt dieser seltsamen Schäferin begegnet?", fragt Gezen.

"Ja, das bin ich.

"Hat sie dich auch etwas gefragt?"

"Ja, das hat sie getan."

"Genau das habe ich gemeint. Ich war mir nicht sicher, ob ich in die Stadt gehen sollte oder nicht, also habe ich mich nach den Bewohnern erkundigt und sie hat mir eine seltsame Frage gestellt."

"Und was hast Du geantwortet?"

"Frag nicht, Giden. Ich ignorierte ihre seltsame Frage und sagte, dass die Leute in der Stadt, aus der ich komme, Schurken und Gauner wären."

"Dann hast du deine erste Lektion gelernt und bist auf diesen seltsamen Mann und seine Geschichte gestoßen, stimmt's?"

"Genau! Ich habe wirklich eine Lektion daraus mitgenommen. Es war erstaunlich."

"Welche Lektion hast du daraus gelernt, mein Gezen?"

"Ich habe begriffen, wie vorsichtig wir mit unseren Äußerungen sein müssen. Das Universum misst die Ernsthaftigkeit dieser Äußerungen nicht. Es nimmt immer ernst, was wir sagen."

"Unsere Gedanken sind die Baumeister unserer Realitäten. Wo sie hingehen, geht auch unser Leben hin."

"Da bin ich mir auch ganz sicher, man muss ihnen mit einer gewissen Ernsthaftigkeit begegnen."

"Nun, du musst dich selbst ernst nehmen, mein Gezen."

"Du hast recht. Wer sich selbst nicht ernst nimmt, kann sich selbst nicht lieben, kann keine Liebe für sich empfinden, und wer sich selbst nicht lieben kann, kann keine Liebe für andere empfinden."

"Du hast Recht, mein Gezen. Ich habe auch die Schäferin getroffen."

"Und was hast zu ihr gesagt, Giden?"

Plötzlich hören sie die Stimme der Hirtin, die sich ihnen nähert. Sie antwortet auf Gezens Frage. "Die Wahrheit. Sie hat offensichtlich die Wahrheit gesagt", und fragt: "Was macht ihr beiden um diese Zeit hier?"

Gezen antwortet. "Wir haben gerade über dich gesprochen."

"Kennt ihr euch schon?", fragt die Hirtin.

"Unsere Herzen sind Brüder und Schwestern von früher. Ja, wir kennen uns", antwortet Giden.

Gezen sagt zum Hirten: "Hirtin, wir haben uns gefragt... Nun... "

Gezen verstummt einen Moment.

Die Hirtin lächelt und fragt: "Dann erzähl mal. Worauf seid ihr neugierig?" Sie setzt sich den beiden gegenüber.

"Die Frage, die du uns vor der Stadt gestellt hast, kannst du uns erklären, warum du sie gestellt hast? Die Frage muss einen tieferen Sinn haben. Kannst du uns das Geheimnis verraten?", fragt Gezen.

Die Hirtin fragt: "Nun, habt ihr eine Vermutung?"

Gezen antwortet: "Ich glaube, ich weiß es. Ich habe meine Lektion daraus gelernt. Aber die Tatsache, dass es so schnell und so wirksam geschah, hat uns sehr überrascht und sogar erschreckt."

Die Hirtin fragt: "Du heißt Gezen, nicht wahr?"

"Ja, das stimmt."

"Du hast mir eine noch seltsamere Antwort auf meine Frage gegeben. Deshalb habe ich dir geraten, diese Stadt nicht zu betreten."

"Ja, das ist richtig, aber warum hast du mir geraten, diese Stadt nicht zu betreten?", fragt Gezen.

Die Schafhirtin fragt ihn. "Und was hast du in unserer Stadt gefunden? Was ist dir begegnet?"

"Ich glaube, ich habe deine Frage nicht wirklich ernst genommen. Aber als ich auf diesen Zustand stieß, in dem sich mein verdrehtes Herz widerspiegelte, wurde mir klar, dass man, selbst wenn es die eigene Lüge ist, immer auf das stößt, was man denkt und sagt", erklärt Gezen.

"Ich bin froh, dass du das erkannt hast. Was wir vorfinden, ist immer das, was wir erwarten und denken. Was wir erleben, ist wie der Spiegel unseres Herzens. Es ist der Spiegel unserer Lügen und unserer Wahrheiten".

"Dieser Ort ist wie ein Spiegel für uns", sagt Giden.

Die Hirtin lacht und sagt: "Deshalb heißt diese Stadt auch die Stadt der Spiegel".

Giden und Gezen schauen sich mit einem Lächeln und einer Portion Erstaunen an.

Die Hirtin beendet ihre Worte. "Und ich bin der Hüter dieses Geheimnisses. Wer unsere Stadt besucht, findet hier wieder, was er mitgebracht hat, seine Erwartungen und seine Lügen. So wie ihr. Ich besitze den Schlüssel."

"Woher kommt dieses Geheimnis?", fragt Giden.

"Das habe ich mich auch schon gefragt", sagt Gezen.

"Es gibt viele Legenden, aber eine davon ist die, an die ich glaube. Es ist die Geschichte von einem Mönch auf der Suche nach dem höchsten Bewusstsein", sagt die Hirtin.

Sowohl Giden als auch Gezen sagen: "Bitte erzähl es uns. Bitte!"

"Was ich euch erzählen will, geschah vor sehr langer Zeit. Ein Mönch, der in einem weit entfernten Land lebte, ging eines Tages zu seinem Lehrer.

Mit der Erlaubnis seines Lehrers sagt der Mönch: "Oh Lehrer, du hast mich viele Jahre lang alles gelehrt, was du weißt. Ich bin dir ewig dankbar. Erinnerst du dich, als ich als Kind zu dir gebracht wurde, fragte ich dich als erstes, wann ich das höchste Bewusstsein erlangen könnte? Du sagtest mir, ich solle geduldig sein, und wenn dieser Tag kommt, wirst du es schon wissen. Dieser Tag ist heute, Lehrer. Bitte zeige mir jetzt den Weg dahin!"

Der Lehrer des Mönchs war ein sehr gelehrter und geachteter Meister. Auch er erkannte, dass für seinen Schüler die Zeit gekommen war, das höchste Bewusstsein zu erlangen. Sein Lehrer sagt ihm: "Ich habe dich das Kostbarste gelehrt, was ich kenne, Mönch. Das ist alles, was ich dir jetzt geben kann, ja. Um das höchste Bewusstsein zu erlangen, wirst du zum Herrscher des Reiches gehen, das ich dir beschreiben werde. Dieser Herrscher wird dir zeigen, wie du das höchste Bewusstsein erlangen kannst."

Sein Lehrer beschrieb ihm den Weg zum Königreich und schickte ihn am nächsten Morgen auf die Reise. Als der Mönch nach einer sehr langen Reise endlich das Königreich und das Schloss des Herrschers erreicht, ist er geblendet von der Pracht und Herrlichkeit des Schlosses. Das Schloss ist viel schöner, als sein Lehrer es beschrieben hatte. Er steht vor einem Schloss, das so groß und schön ist, dass er einen

124

Moment innehält und den Anblick bewundert. Fast vergisst er, warum er überhaupt gekommen ist. Seine Augen können sich an dem Anblick nicht sattsehen, aber der Mönch erinnert sich an den Grund seines Hierseins und geht zum Eingangstor des Schlosses. Er grüßt die Soldaten, die mit riesigen Äxten in den Händen am Tor warten, und bittet um Erlaubnis, den Monarchen sehen zu dürfen. Die Soldaten fragen nach dem Grund seines Besuchs. Nachdem er den Grund erklärt hatte, ließen sie den Mönch ein und führten ihn zum Monarchen.

Vor dem Monarchen verneigte sich der Mönch aus Respekt und sagt: "Friede sei mit dir, o großer König! Ich bringe dir Grüße aus den fernen Ländern, aus denen ich gekommen bin, von meinem weisen Lehrmeister, der mich bis heute unterrichtet hat."

Der Herrscher liebt und achtet den Meister, den Weisen, dessen Namen er von dem ihm überbrachten Mönch gehört und dessen Grüße er empfangen hat. Deshalb legt er besonderen Wert auf die von ihm gesandten Schüler und erfüllt ihre Wünsche, als wolle er sie mit Fürsorge krönen. Der Mönch erklärt dem Herrscher den Grund seines Kommens, seinen Wunsch, das höchste Bewusstsein zu erlangen.

Der Herrscher fragt: "Warum soll ich dir zeigen, wie du das höchste Bewusstsein erlangen kannst, warum willst du nicht so bleiben, wie du bist?"

Der Mönch ist erstaunt. Er antwortet dem Herrscher: "Ich verdiene es."

"Ich werde entscheiden, ob du es verdienst oder nicht. Sag mir, warum du das höchste Bewusstsein erlangen willst, und wisse es: Die Erlangung des höchsten Bewusstseins bringt zwei Verpflichtungen mit sich", sagt der Herrscher.

"Welche sind das?"

"Erstens: Du musst immer bei ihr bleiben. Das höchste Bewusstsein will, dass du bei ihm bleibst und dich einfach an ihn festhältst, wenn du es erreicht hast. Das andere ist, das höchste Bewusstsein denen zu lehren, die zu dir kommen und es so lehren wollen, wie du es gelernt hast."

"Ich verstehe, Meister. Ich selbst bin bereit!"

"Nun sage mir, warum du lernen willst, das höchste Bewusstsein zu erlangen."

Der Mönch überlegt kurz und antwortet: "Mein Ego und mein Verstand sprechen ständig mit mir. Ich möchte, dass sie schweigen. Ich möchte mit Hilfe meiner Seele nur die Sprache der Welten hören. Sie verstehen lernen."

"Und was ist die Sprache der Welten?"

"Die Liebe. Es ist die Liebe, die mich an meine Wünsche bindet und mir den Weg zu ihnen ebnet. Ihre Stimme ist das, was mir von diesem Augenblick an bleibt. Ich will diese Liebe in mir hören und erkennen, und ich will die Welt als Spiegel meines Inneren sehen."

Der Monarch, der die erwartete Antwort gehört hat, verspricht dem Mönch, ihm das höchste Bewusstsein zu zeigen. Aber er sagt ihm, dass er es ihm erst nach einer Prüfung zeigen werde. Er verspricht, ihm zu zeigen, wie er das höchste Bewusstsein erlangen kann, wenn er die Prüfung besteht.

Der Mönch nimmt das Angebot des Monarchen sofort an, ohne nachzudenken, ohne nach dem Inhalt der Prüfung zu fragen. Der Monarch führt ihn zum Eingangstor des Schlosses. Er nimmt eine kupferne Schale in die Hand und füllt sie bis zum Rand mit Wasser aus dem Bach des Schlosses.

Dann gibt er die Schale dem Mönch und sagt: "Nimm diese Schale und verschütte das Wasser nicht! Wenn du einen vollen Kreis um das Schloss schaffst, ohne auch nur einen Tropfen Wasser zu verschütten, hast du die Prüfung bestanden und bist dem höchsten Bewusstsein sehr nahe."

Als der Monarch den Mut, die Ausdauer und die Entschlossenheit in den Augen des Mönchs sah, blickte er ihn streng an und sagt: "Aber! Wenn du auch nur einen Tropfen verschüttest, wird dir mein Henker, der dir folgen wird, mit dem Beil in der Hand gleichzeitig den Kopf abschlagen!" und fügte seinen Worten diese unerwartete und schreckliche Botschaft hinzu.

Er ruft den Henker zu sich und sagt ihm dasselbe und was er tun soll. Der Mönch zittert innerlich. Aber die Angst, die ihn befällt, lässt ihn nicht seinen Mut und seine Entschlossenheit verlieren. Er hatte damit gerechnet, dass ihm auf dem Weg zum höchsten Bewusstsein harte Prüfungen begegnen würden, aber er hatte nicht damit gerechnet, dass sie so schwierig und gefährlich sein würden. Aber die Stufe, die er nach der Prüfung erreichen wird, ist so groß und wichtig für ihn, dass er sogar den Tod riskiert. Der Mönch atmet tief durch, ist bereit für die Prüfung und konzentriert sich auf sein Ziel. Er bleibt aufrecht stehen, den Blick auf die Wasserschale in seiner Hand gerichtet, konzentriert sich ganz darauf und beginnt mit den ersten Schritten zu gehen. Sein Geist und sein Denken sind nur auf die Schale in seiner

Hand fixiert. Der Mönch sieht und fühlt nichts außer ihr. Er hat das Gefühl, seinen Körper zu verlassen. Er vergisst sogar, ob er die Schale trägt oder ob die Schale ihn trägt. Seine Schritte sind im Einklang mit seinem Geist und seinem Herzen. Es ist so, als ob seine Schritte ihm nur Begleiter wären, die ihm den Weg zum Ziel ebnen. Sein Körper wird federleicht. Er vergisst sogar den Henker, der hinter ihm her ist, bereit, ihm den Kopf abzutrennen. Der Mönch versucht, sich nicht von der Aufregung des Erreichens seines Ziels mitreißen zu lassen, und schließlich hat er seine Runde um die Burg beendet, und es kommt ihm vor, als sei alles in einem Augenblick geschehen.

Mit einer Schüssel voll Wasser und unversehrtem Kopf kehrte er zum Herrscher zurück. Der Monarch freut sich und teilt ihm mit, dass er die Prüfung bestanden hat. Während der Mönch über seinen Erfolg triumphiert, schüttet der Herrscher das Wasser in der Schale in den Bach zurück.

Er fragt den Mönch: "Was hast du gedacht, als du die Schale getragen hast, was ist dir durch den Kopf gegangen?"

"Majestät, als ich mit der Schüssel in der Hand um das Schloss herumging, konnte ich nur an das Wasser in der Schüssel denken und an die Schritte, die ich machte. Ich dachte nicht an den Henker, der hinter mir ging, und auch nicht an das Beil in seiner Hand. Ich sah weder die Schönheit Eures Reiches, die mich blenden konnte, noch den Weg, der vor mir lag. Als ich von allem befreit war, was auf mich einwirkte, löste sich auch meine Verbindung mit der Welt in einem Augenblick auf. Nur das Erreichen des höchsten Bewusstseins umhüllte meinen Geist und meine Seele. Nun, mein Herrscher, wirst du mir sagen, wie ich das höchste Bewusstsein erlangen kann?"

Der Herrscher lächelt und sagt: "Du hast es schon gelernt.", er spricht weiter zu dem Mönch, der verwirrt dreinschaut: "Die höchste Stufe des Bewusstseins, die in dieser Prüfung verborgen war, ist die Art und Weise, wie du mit einer Schale Wasser in der Hand umhergehst, gereinigt von allem und jedem Unnötigen, das deinen Geist und dein Herz beschäftigen und deine Aufmerksamkeit ablenken könnte, um nicht einen Tropfen zu verschütten, und dich nur auf das Ziel konzentrierst, das du anstrebst. Das ist das höchste Bewusstsein."

Mit diesen Worten beglückwünscht der Monarch den Mönch. Er sendet auch seine Grüße an den Weisen Meister und bittet ihn, sie ihm zu überbringen, wenn er ihn eines Tages wiedersehen sollte, und schickt den Mönch schließlich fort.

Glücklich über sein neues Wissen macht sich der Mönch auf den Weg zurück in seine Heimat und eigentlich auch zurück zu seinem Lehrer. Auf seinem Weg findet er ein kleines Haus an der Stelle, wo heute diese Stadt steht. Das Haus ist leer. Nur ein Spiegel hängt an der Wand. Der Mönch, der das Haus betritt und sich im Spiegel betrachtet, fragt sich: *"Soll ich an diesem Ort bleiben?"*

Er denkt nach, reflektiert, lässt sein Leben vorüberziehen. Er konstruiert in seinem Kopf Antworten auf seine Fragen. Dann kommen ihm neue Fragen in den Sinn, auf die er neue Antworten konstruiert. Dann erinnert er sich, woher er kam und was er jetzt hat, und bringt seine Gedanken zum Schweigen. Jetzt hat er die höchste Bewusstheit.

Er erinnert sich daran, dass er keine Schwierigkeiten mehr haben wird, Entscheidungen zu treffen, und dass er die Frage, ob er hier bleiben soll oder nicht, der Sprache der Welten überlassen kann. Das Warten auf Antworten auf Fragen ist wie das Halten einer Schale voll Wasser. Während er in diesem Zustand ruhig wartet, hört er schließlich eine Stimme aus der Sprache der Welten. Diese Stimme sagt zu ihm: "Mönch, mein Mönch! Du bleibst jetzt hier und gehst nicht weiter. Die Liebe hat eine Gunst für dich. Mönch, wenn deine Zeit in dieser Welt abgelaufen ist, wird deine Geschichte ein Beispiel für alle sein, die hier sind. Das ist deine Aufgabe in dieser Welt!" Der Mönch starrte vor sich hin. Ihm wurde klar, wie sehr die Worte, die er gehört hatte, seinen Erwartungen entsprachen. Er hatte sich immer gewünscht, dass man sich eines Tages mit Bewunderung an ihn erinnern würde. Jahrelang hatte er dieses Geheimnis für sich behalten, aus Angst, als Eitel abgestempelt zu werden. Er hat erkannt, dass selbst die Erfüllung seiner tiefsten Erwartungen von der Stille unserer Gedanken und unseres Egos und von unserem Vertrauen in das höchste Bewusstsein abhängt. Für die Gläubigen ist der Mönch der Gründer, der Weise und der Lehrer unserer Stadt. Sein Vermächtnis ist sein kostbares Andenken, das uns wie eine Fackel voranleuchtet, und sein Spiegel, der ihn veranlasst hat, hier zu bleiben. Deshalb nannte er die Stadt die Stadt der Spiegel."

Aufmerksam lauschten Giden und Gezen der Geschichte, die die Schäferin erzählte. Was für eine schöne Geschichte mit einer tiefgründigen Bedeutung!

Gezen sagt: "Ich danke dir, Hirtin, vor allem dafür, dass du mir durch diese Geschichte bewusst gemacht hast, dass meine Erwartungen wie das Wasser in der Schüssel sind. Sie sind ein Schatz, den ich in mir trage, um das Wasser darin nicht zu verlieren, indem ich immer aufrecht gehe. Unsere Erwartungen sind nicht nur das, was wir in unserer Sprache ausdrücken, sie sind in Wirklichkeit alles, was wir in unserem Unterbewusstsein beherbergen, was unser Wesen prägt. Die Verwirklichung unserer Ziele, so wie wir sie uns wünschen, hängt von der Reinheit unserer Gedanken, Wörter und Erwartungen ab."

Da sagt der Hirte: "Du hast Recht. Jeder Mensch, dem wir begegnen, ist in Wirklichkeit der, den wir uns tief in unserem Inneren wünschen, manchmal auch der, den wir herbeirufen, um eine höhere Bewusstseinsstufe zu erreichen. Die Menschen aber, die ein solches höheres Bewußtsein noch nicht erreicht haben, sehen nicht die schönen Ursachen, die sie herbeigerufen haben, sondern nur das, was sie den Schmerz der Liebe nennen, und sie jammern und klagen darüber.

Aber sie wissen nicht, dass sie sowohl die Existenz als auch die Nichtexistenz dieser Beziehung in Übereinstimmung mit ihren eigenen Erwartungen leben. Wenn ihr wollt, könnt ihr das, was euch widerfährt, die natürliche Erfüllung eurer Erwartungen nennen, wenn ihr wollt, könnt ihr es nach eurem Glauben Schicksal nennen, aber wie immer ihr es auch nennen wollt, was immer euch widerfährt, betrachtet es als eine Prüfung eurer selbst. Solange ihr eure Wünsche, Ziele, Sehnsüchte und Überzeugungen, die Schönheit und Güte in euer Leben und in das Leben anderer bringen, nicht aufgebt, werdet ihr nur den Weg gehen wollen, der im Licht ist, und ihr werdet an dem Wunder dieses Weges festhalten wollen, denn dieser lichterfüllte Weg eures Lebens wird ein Ort sein, an dem sich eure Erfahrungen sammeln. Er wird euer Spiegel sein. Er wird eure Bestimmung sein. Wenn du das gelernt hast, wird es in deinem Leben keinen Platz mehr für das Wort Zufall geben".

Gezen setzt seine Reise fort...

Ein Mensch sollte die Liebe, derer ihn die Vorsehung für würdig erachtet, auch in den Menschen erkennen, die er mit dieser unbegrenzten Macht in sein Leben zieht. Wenn ein Mensch noch nicht in der Lage ist, schöne Menschen in sein Leben zu ziehen und in allen Liebe zu finden, dann hat er noch nicht das nötige Bewusstsein dafür erlangt. Es bedeutet, dass er auf dem Weg zu diesem Ziel noch ein spirituelles Wachstum zu durchlaufen und Prüfungen zu bestehen hat. Um dieser Liebe würdig zu sein, müssen wir uns auf die sie ausrichten. Nur so können wir die Liebe sehen und an ihre Ganzheit glauben.

Wir müssen an sie glauben und diesen Glauben immer bewahren, ohne einen Tropfen davon zu verschütten, so wie der Mönch diesen Glauben in dieser mit Wasser gefüllten Schale trug, ohne sie zu verschütten! Spätestens jetzt, oh Mensch, wirst auch du bereit sein, dieses höhere Bewusstsein zu erlangen! Und wenn du das erkennst, wirst du mehr schöne Menschen finden, zu denen du dich hingezogen fühlst und die auch den Weg zu dir finden werden. Und dir wird klar: Wenn du ein herrliches Leben voller Wunder erleben willst, warte nicht, bis die Wunder zu dir kommen. Sei der Spiegel des Wunders, das heißt, sei das Wunder selbst. Erkenne, dass die Liebe nicht etwas ist, das durch die Welt der Zufälle reist und zufällig irgendwo hinfällt. Sie kommt nie zufällig zu dir. Die Liebe wartet nur auf ihre Zeit, das heißt darauf, dass wir ihrer und ihrer Wunder würdig sind. Und das sind diejenigen, die bereit sind, selbst zum Wunder der Menschen zu werden. Gezen ist ein solches Wunder für die Menschen, der seine Zeit, seine Lebenskraft und seine Herzschläge opfert, um der Liebe eine Brücke zu sein. Wehmütig verlässt er nun die Stadt der Spiegel und verabschiedet sich von der Schäferin, seiner geliebten Freundin Giden, um seinen Weg voller Mirakeln fortzusetzen.

So wie Reden noch keinen Helden ausmacht,

so kann man sich auch nicht

nur mit der Worten allein verlieben.

Wer mit dem Herzen glaubt

ist ein Liebender.

Auf seine Weise muss der Mensch

seiner würdig sein.

Und durch seine Taten wird er

zum Helden der Liebe!

Er braucht keine Worte,

Wappen und Symbole.

Seine Haltung und sein Verhalten

zeigen schon

welcher Armee er angehört...

(Hasan H. Aydogan)

134

Wenn die Liebe ein Du ist

Eine geheimnisvolle Stimme fordert Gezen auf, auf seinem Weg in einer vor ihm liegenden Stadt zu verweilen. Auf den Ruf der Wunder, der Schönheit und vor allem der Liebe zu hören, ist einer der wichtigsten Wege zum Frieden! Er weiß, dass die Liebe die Kraft ist, die ihn in diese Stadt zieht, aber hier erwartet ihn auch eine schwere Prüfung...

Heute glaubt Gezen, dass er und jeder, der es zulässt, das Antlitz der Liebe nicht nur an einem Ort, sondern überall finden kann! Er ist zu einem Reisenden der Liebe geworden, der glaubt, dass eines der schönsten Geschenke der Liebe darin besteht, zwei Menschen einander näher zu bringen. Es gibt Prüfungen, die wir auf dem Weg zum Licht der Liebe bestehen müssen. Gelegentlich haben wir auch Menschen gesehen, die an diesen Prüfungen scheitern. Sie suchen die

135

Verantwortung für ihr Scheitern nicht bei sich selbst und ziehen es vor, mit ihren Apologien die Liebe zu verfluchen. Für Gezen ist es nun an der Zeit, eine dieser schwierigen Prüfungen zu bestehen. In dieser Stadt findet er das schönste Gesicht der Liebe, die schönste Form der Liebe. Aber diesmal sind seine Gefühle anders. Er hat kein Vorurteil, keinen Tropfen Zögern dieser Person entgegengebracht. Diesmal stößt er die Wasserschale nicht um und zerbricht sie nicht. Er sieht sie an mit Augen voller Liebe und Mitgefühl...

"Als ich in diese Stadt kam, folgte ich dem Ruf der Liebe, und als ich dich sah, wurde mir der Grund meines Hierseins erklärt. Der Schleier des Geheimnisses der Liebe hat sich weiter geöffnet. Welch ein Segen ist es, dass die Liebe manchmal den Schleier des Geheimnisses lüftet, um uns zu lehren, was wir nicht zu wissen vermögen. Als ich auf den Vorhang schaute, der sich öffnete, sah ich dich, eines der schönen Gesichter der Liebe, die wunderbarste Form der Liebe. Ich lebe die Liebe nicht mehr mit dem, was man mir sagt, sondern mit dem, was ich fühle.

Eines Tages sagten meine Ältesten zu mir: "Werde erwachsen und suche dir eine Frau, die in unsere Familie eintritt", und sie rieten mir, dafür eine Frau zu finden, die eine gute Familienerziehung genossen hatte, die respektvoll und unterwürfig wie eine Magd war, die fegte und putzte, die sich gut um die Kinder kümmerte, die sie für mich zur Welt bringen würde, und die sich nach all dem auch noch gut um mich sorgen würde. Ich war erstaunt! Aber ich suchte weder eine Pflegekraft noch ein Hausmädchen! Ihre Haupterwartung an mich war nicht, eine Frau oder gar Liebe zu finden.

Aber nachdem mir das immer wieder eingetrichtert wurde, hätte ich mich in jedes Dienstmädchen, jede Putzfrau und jeden Babysitter verlieben können. Ich bin froh, aus dieser Traumwelt erwacht zu sein.

Die Ehe, die sie von mir verlangten einzugehen, hatte nichts mit der Liebe und Zuneigung zu tun, die ich als Wahrheit empfinde. Hätte ich an diese angebliche Liebe geglaubt, von der nur sie sprachen, und nicht an die Wahrheit der Liebe, wäre ich in die Irre geführt worden. Ich hätte nicht erkannt, dass ich jemanden lieben kann, ohne diesen Menschen heiraten zu müssen. Ich bin froh, dass ich erkannt habe, dass ich nicht heiraten muss, um die Natur, die Tiere, die Steine, die Erde zu lieben. Ich habe mich von all dem gereinigt und bin gekommen, um meine Hingabe an dich, an mich selbst, an die Liebe zu zeigen. Ich will nicht gegen die Gesetze des Universums verstoßen.

Ich will meine Augen weder vor deinen Wundern noch vor deinen verzauberten Augen verschließen, die sich wie ein Schleier der Liebe über uns gelegt haben. Deine Augen haben mich wieder sehen gelehrt. Deine Lippen haben mich sprechen gelehrt, deine Ohren haben mich hören gelehrt, und dein Herz hat mein Herz, das ohne dich nicht mehr schlagen will, gelehrt, wieder zu leben. Als meine Lippen zu sprechen begannen, als meine Augen und mein Herz zu sehen begannen, sah ich, dass zu lieben und geliebt zu werden mir so nahe waren wie das Weiß und das Schwarz meiner Augen. Du warst mir nahe genug, um mich mit Gefühlen der Liebe und des Begehrens zu erfüllen. Es war mir möglich, diese Dinge mit den Inspirationen der Liebe zu verstehen. Die Liebe hielt uns füreinander und sich selbst für würdig, weil ich an die Reinheit meiner Erwartungen glaubte, an die Sprache der Welten, an die Liebe und ihre Anziehungskraft auf uns. Ich glaubte an eine Erwartung, die mich aus der Tiefe beobachtete. Die Liebe im Gesicht eines Menschen zu erkennen, ist die barmherzigste Gnade, die uns die Liebe schenkt. Das zu verstehen und es nicht auf das Gesicht dieser Person zu beschränken, die Liebe als Ganzes zu betrachten, die überall ist, ist eine Prüfung, die mit diesem Geschenk einhergeht, und ich hoffe, dass ich diese Prüfung bestehen werde. Ich sollte nicht so undankbar sein, den Baum, die Blume, die Natur, die Luft, das Kommen und Gehen zu vergessen, nur weil ich die Liebe in deinem Gesicht gesehen habe. Nach der Prüfung möchte ich als Wanderer der Liebe weitergehen, der seinem Licht treu ist, und nicht als Scherbe, deren Herz zerbrochen ist und die alles verbrennen will.

Wenn unsere Erwartungen hoffnungslos sind, ist es wie mit einem Schiff, dessen Kurs unsicher ist und das dazu verdammt ist, gegen Felsen zu fahren und zu sinken. Oder auf diesem stürmischen Meer geraten wir oft in die Hände herzloser Schiffer, und am Ende weinen und klagen wir über das Leid, das wir erfahren. Oft erkennen wir unseren falschen Lebensweg nicht mehr und lassen uns treiben in der Hoffnung, in den Welten der Lügen doch noch irgendeine Wahrheit zu vernehmen. Aber am Ende, wenn wir uns von den Lügen reinigen, erkennen wir, dass wir ein falsches Märchen leben, fern von der Liebe. Es ist ganz natürlich, dass Menschen, die weit von der Liebe entfernt sind, Hilfe und Trost bei den Sternen suchen, beim Glück, beim Sonnenuntergang und Sonnenaufgang, bei den Liedern. Schmerzhafte Lieder haben oft einen schlechten Bezug zur Liebe, ihre Texte scheinen eher den Schmerz der Menschen auszudrücken, als mal ein schönes Lob zu sprechen. Eines Tages habe ich über die Menschen nachgedacht, die diese Lieder geschrieben haben. Ich habe nur Mitleid mit denen, die immer eine Feder in der Hand haben, als wollten sie einen weiteren Stein auf die Liebe werfen. Sie sind in Wirklichkeit die Verräter der Liebe, nicht die Autoren ihrer Lieder.

Wenn diese Lieder uns sagen würden, dass es nicht die Liebe ist, die uns leiden lässt, dass die grausamen Menschen, die diese Dinge tun, in Wirklichkeit eine Prüfung für uns sind, dann würden wir wenigstens auf die Wahrheit hören. Aber warum glauben wir immer noch an diese Lügen in den Liedern? Meistens fällt es uns schwer, unsere eigene Verantwortung für das, was in unserem Leben geschieht, zu sehen! Es ist einfacher, die Liebe verantwortlich zu machen und ihr einen Stempel aufzudrücken, als unsere eigene Verantwortung für das Geschehen zu sehen, nicht wahr? Aber die Liebe wird niemals diesen Stempel tragen! Sie wird immer ihren Glanz und ihre Reinheit bewahren, und sie wird denen, die der Liebe treu sind, mit ihrem Licht nahe sein! In der Welt derer, die der Liebe nahe sind, sind Lieder ein Strom für das Ohr, Sterne und Horoskope ein wenig Farbe für die Augen, der Auf- und Untergang der Sonne ein schönes Symbol der Natur. Die Liebe ist genug für sie.

Deine Liebe lässt mich noch einmal die Verse der Liebe rezitieren. Die Wärme, die mir dein Körper schenkt, wäre ohne die Nähe der Liebe nicht möglich. Eines Tages werden die Glocken der Trennung läuten und mein Herz und mein Körper werden durch deine Abwesenheit auf die Probe gestellt.

Es ist einer der größten Fehler der Menschen, den Wert der Schätze, die wir haben, nicht zu kennen, und wenn wir sie verlieren, steigt der Wert dieses Schatzes. Und manchmal ist es die unbeschreiblichste und schmerzlichste Niederlage für beide Seiten, sich zu lieben, gekrönt vom Wunder der Liebe, und sie dennoch nicht als Paar zusammenzuhalten. Die Schreie, die wir dann hervorbringen, sind Kennzeichen und Zeugnis unserer Niederlage. Ich werde das Wunder, das mir geschenkt wurde, auf die eine oder andere Weise zu schätzen wissen. Es fällt mir schwer, das Feuer zu beschreiben, das in mir brennt, jedes meiner Worte bleibt kalt neben der Liebe. Man entdeckt sich selbst wieder, wenn man sieht, was die Liebe aus einem macht. Die Liebe kommt in ihrer reinsten Form, sie zeigt dir deine wahre Identität. Wir sind hier, um die Liebe in all ihren Formen zu erfahren. Die Menschen, die die Liebe nie gefunden haben, sind diejenigen, die ihre wahre Identität noch nicht gefunden haben.

Die Liebe bewegt uns auf unserem Weg wie ein Soldat, der einer Fahne Treue geschworen hat. Das ist die wahre Hingabe an die Liebe. Das Vertrauen in die Liebe ist die höchste Stufe in der Sprache der Welten. In diesem Moment bewegt sich der Körper, bewegt sich die Zeit, bewegt sich das Universum. Wenn wir mit der Liebe gehen, erhellen die Verse der Liebe unseren Weg."

Es ist nicht deine Schönheit!
Es sind meine Augen, die ohne deine Schönheit

nicht sehen wollen.

Es ist nicht deine Stimme!
Es sind meine Ohren, die ohne deine Stimme

nicht hören wollen.

Es ist nicht deine Haut!
Es sind meine Hände, die ohne deine Haut

nicht berühren wollen.

Es ist nicht dein Herz!
Es ist mein Herz, das ohne dein Herz,

nicht schlagen will.

(Hasan H. Aydogan)

Sie haben mich viel gelehrt, die Liebe und mein Scheitern an dir. Ich danke dir und der Liebe dafür!

Es gibt keine wahre Liebe, es gibt nur die Liebe!

Und deine Abwesenheit...

Deine Liebe war wie das Licht eines feurigen Schleiers, der auf mein Gesicht schien. Ich habe gelernt, in der Liebe Schutz zu suchen, ihr treu zu bleiben. Nach deinem Weggang versuchte sie, mich mit diesem Schleier um meine Augen zu trösten. Dennoch kamen wie damals die Vertreter der Finsternis zu mir und behaupteten: Nein, deine Liebe war nicht echt, sagten sie. Deine Liebe und die Liebe im Ganzen ist eine Lüge, sagten sie. In vielerlei Hinsicht nutzen die Menschen heute wie damals jede Gelegenheit, die Liebe als Lüge abzustempeln. Damals wie heute versuchen sie sogar, uns die Liebe als eine Art naturwissenschaftliche Formel zu verkaufen. Liebe sei nur ein Hormonschub, der messbar sei. Die Studien, in denen sie die Liebe ignorierten und als falsch darstellten, waren die Liebe zu ihrer Arbeit, die sie diese Arbeit machen ließ. Selbst an Orten wie dieser Wissenschaft, wo sie mitunter am meisten ignoriert wird, selbst dort ist sie zu finden. Die Liebe hat auch für sie den Weg erleuchtet, und als ich auch das von ihr erfuhr, fühlte ich mich den Versen der Liebe noch mehr verbunden.

Ich hörte nicht auf sie und kehrte zu diesem Bahnhof zurück, um den Zug der Liebe zu besteigen, der mich zum Licht bringt, dessen Strahlen die einzige Erleuchtung sind, die dem Menschengeschlecht gebührt. Diesen süßen Zug, der mich ins Glück, in deine Nähe und in die Arme der Liebe gebracht hatte. Auch wenn ich dich am Ende vielleicht verlassen muss, was kein Zufall ist, ist meine Hauptaufgabe hier, der Liebe treu zu bleiben und die Schale in meiner Hand nicht umzustoßen. Es gibt immer einen Grund, warum Menschen in unser Leben treten und einen Grund, warum sie uns wieder verlassen. Jeder Neuankömmling in unserem Leben hat uns etwas zu lehren und ist immer eine große oder kleine Prüfung. Meine Tante Ermiş lehrte mich über das Gehen und das Kommen der Menschen. Sie sagte mir: *"Das Kommen ist für das Gehen, das Gehen ist für das Kommen, aber in Wirklichkeit gibt es kein Kommen und kein Gehen. Der Mensch ist in der Liebe, immer mit sich selbst."*

Was auch immer in diesem Kommen und Gehen geschieht, was auch immer wir erleben, das Wichtigste ist, dass wir den Glauben an die Liebe nicht verlieren. Das erwartet die Liebe von uns. Sie wartet mit ihren Wundern, mit ihren Schönheiten und mit dem Moment, in dem man die Liebe im Gesicht eines Menschen sehen kann. Und selbst wenn dieses Gesicht sich abwendet, wartet die Liebe auf treue Soldaten in ihrer Armee, die sich nicht von ihr abwenden.

Ich bin furchtlos, ich bin nicht gebeugt, diesmal stehe ich aufrecht! Egal, wie sehr du mich auch gestoßen und getreten hast, ich habe keinen Tropfen Wasser aus der Schüssel in meiner Hand verschüttet. Ich habe mich nicht aufgelehnt, ich konnte den feurigen Boden der Raki-Flaschen nicht mehr sehen. Ich war nicht derjenige, der fluchte und die Welt im Dunkeln sehen wollte, ich war nicht derjenige, der der Wut erlag und aus Schwäche trank und trank und trank. Ich bin stark geblieben. Es ist ein Geschenk meiner Aufrichtigkeit, diese große Kraft in mir, die aus dem mir geschenkten Glück und dem Mitgefühl der Liebe geboren wurde. Es ist die genügsame Kraft dieser Liebe zu mir, die niemand, nicht einmal du, beflecken kann. Es war ein Licht, für das weder du noch sonst jemand mich je wieder blind machen konnte. Und das, obwohl du sogar versucht hast, mir die Augen zu verschließen und mich für die Tatsachen blind zu machen, während du mich vergiftet hast..."

Gezen ist inzwischen weit weg von der Frau, die er vor Wochen verlassen hat, und von der Stadt, die er hinter sich gelassen hat. Er läuft und läuft und läuft. Sein Weg ist nicht mehr ungewiss. Es ist seine Treue zur Liebe, die ihm die Schritte erleichtert, und sein Vertrauen in das Leben und in sich selbst, das ihn stärkt. Auf diesem Weg wird er immer behütet sein, er wird nicht in die Irre gehen. Die Liebe wird ihn immer auf den rechten Weg führen.

Aber er ist des Weges müde. Als er an der Schwelle einer kleinen Stadt ankommt, merkt er, dass er nicht nur müde ist, sondern auch noch hungrig. Unser Körper drückt seine Wünsche treu aus. Auch die Liebe ist eine treue Stimme, die denen, die sie hören können, die Wünsche des Herzens verkündet. Ein Weg, sie zu hören, ist, dankbar zu sein für das, was geschieht, und Gezen war einer von denen, die dankbar waren. Als Gezen die Stadt betrat, sah er bunte Häuser. Die Farben dieser Häuser und die Reflexionen der Mittagssonne auf den bunten Fassaden sind ein wunderschöner Anblick. Als er durch die Straßen der Stadt schlendert, fällt ihm ein kleines Restaurant auf. Irgendwie zieht es ihn dorthin. Wohin er auch schaut, sein Blick fällt immer wieder auf das Restaurant.

Schließlich läuft er direkt auf die Tür des Restaurants zu. Die Tür ist mit bunten Blumenmustern verziert. Er tritt ein und setzt sich an den ersten Tisch zur Straße hin. Vor ihm liegt eine Tischdecke, die mit verschiedenen Farben verziert ist. Auf dem Tisch stehen zwei Schalen mit Wasser, Salz und Gewürzen. Sofort kommt der Kellner auf ihn zu und fragt mit freundlicher Stimme.

"Bruder, willkommen! Was kann ich meinem Bruder mit dem schönen Gesicht bringen?"

"Habt ihr Schaschlik, Bruder?"

"Bruder, wir haben das schönste Schaschlik. Magst du Lammspieße oder Hähnchen?"

Er entscheidet sich für Huhn, bittet den Kellner noch um einen Salat und ein Glas Ayran. Kaum hat er bestellt, wird sofort das Feuer im Ofen entfacht. So viel Freundlichkeit an einem bescheidenen Ort gefällt ihm. Es war offensichtlich, dass ihm auch dieser ganze Ort gefallen würde. Während er das Schaschlik, den Salat und die Buttermilch isst und trinkt, stellt er fest, dass sich alles verändert hat. Sogar das Essen, das er aß, und die Buttermilch, die er trank, schmeckten ihm jetzt besser. Er aß sogar mit Liebe.

Der Kellner fragt freundlich: "Bruder, noch mal guten Appetit! Hast du noch einen Wunsch?"

"Danke. Alles ist wirklich ausgezeichnet!"

Der Kellner bewundert Gezen und sagt: "Bruder, ich bin verliebt in die Art, wie du isst und in die Worte, die du sprichst!"

Gezen war überrascht. "Könntest du das bitte wiederholen?"

"Bruder, unser Gast ist unsere Liebe. Er ist mehr als ein Geldgeber! Wir behandeln unseren Kunden mit Liebe. Wir bereiten sein Essen mit Liebe zu, und er isst es mit Liebe und zeigt uns seine Dankbarkeit. Menschen voller Liebe kommen immer hierher. Das ist so, seit wir denken können. So wie du zu uns gekommen bist, Bruder!

"Mit deinem mitfühlenden Herzen bist du das beste Restaurant der Welt, dies ist der schönste Ort der Welt. Du bist so vollkommen wie dein Essen. Du hast es geschafft, die Menschen mit der Anziehungskraft des Universums an diesen friedlichen Ort zu ziehen."

"Bruder, deine Worte haben uns stolz gemacht. Du hast von der Anziehungskraft gesprochen, ich glaube an sie. Man sagt, die Liebe sei so stark wie die Anziehungskraft des Universums. Man sagt, dass sie die Kraft hat, alles anzuziehen und zu dir zu bringen, was dich glücklich macht, was zu dir passt. Ich möchte dich noch etwas fragen, mit Erlaubnis?"

"Natürlich", sagt Gezen, wendet sich dem Kellner zu und wartet neugierig auf dessen Frage.

"Ich zweifle nicht daran, dass die Anziehungskraft der Liebe dich hierher geführt hat. Wenn sie dich hierher an meine Seite geführt hat, um dieses nette Gespräch zu führen, dann darf ich raten, wer du bist. Bruder, ist dein Name Gezen?"

In großer Verwunderung verharrt Gezen.

Er fragt den Kellner: "Ja... Ja, das bin ich, aber du... Woher kennst du mich? Woher weißt du, dass ich Gezen bin?"

Der Kellner ist sehr glücklich über die Antwort, die er hört - mit den Händen hält er sich den Mund zu - "Bruder, ich kann es nicht glauben, du hast keine Ahnung, wie glücklich ich bin! Bruder Gezen, ich habe dich an der Liebe erkannt, die dein Gesicht ausstrahlt. Die Menschen sind überwältigt von deinen Botschaften, die der Giden Abla, und den Versen der Liebe. Mit Menschen, die diese Botschaft verstehen und sich der Liebe zuwenden, wird unsere Welt noch lebenswerter! Was für ein Glück, dass ich hier mit dir sprechen kann!"

Gezen ist sehr gerührt. Er wusste nicht, dass er so bekannt ist und dass man ihn sogar liebt. Das, was er über die Liebe gelernt hatte, wollte er nicht weitergeben, um sich selbst bekannt zu machen und berühmt zu werden. Sein Ruhm verbreitete sich dort, wo die Liebe ihn anzog. Auch dafür muss es einen Grund geben.

"Danke, lieber Bruder! Du hast mich berührt mit deinen Worten! Jetzt bring mir bitte die Rechnung! Ich muss mich ein wenig ausruhen, dann werde ich meinen Weg fortsetzen", sagt Gezen zum Kellner.

"Eine Rechnung für einen so schönen Reisenden der Liebe? Du bist unser Gast, unser verehrter Gast, Buder Gezen", sagt der Kellner.

"Keineswegs. Du bringst mich in Verlegenheit!"

"Deine Verlegenheit ist vergebens, denn wir lieben dich hier, Bruder. Und wenn jemand erfährt, dass ich Geld von Dir genommen habe, was glaubst Du, was dann passieren würde? Und weißt du, es wäre uns eine Ehre, wenn du uns in dieser bescheidenen Stadt mit deinen Worten über die Liebe erhellen würdest."

"Werde ich später einen Platz zum Schlafen haben?"

"Natürlich, ich werde sofort den besten Platz für dich organisieren. Trinkst du jetzt noch eine Tasse Kaffee mit uns?"

Zu diesem Angebot konnte Gezen nicht Nein sagen. "Ja, eine Tasse Kaffee wäre in der Tat sehr gut."

"Wie möchtest du ihn, Bruder?"

"Mit etwas Zucker. Bitte!"

Gezen schaut aus dem Fenster und schlürft genüsslich seinen Kaffee. Er folgt den Straßen und sein Blick fällt auf die Pflastersteine, die Staub ansetzen.

Er denkt: "Lass uns auch diese gemütliche Stadt entstauben". Er trinkt den letzten Schluck Kaffee, lächelt und steht auf...

Das Gespräch...

Die Stunden vergehen und schließlich ist es schon früher Abend geworden. Vor dem Restaurant, in dem Gezen zu Mittag gegessen hat, hat sich eine große Menschenmenge versammelt. Alle haben gehört, dass Gezen zu Gast ist, und sind gekommen, um seine Worte über die Liebe zu hören. Einige haben Körner und Nüsse in der Hand, andere sogar ein kaltes Bier. Als Gezen sich unter die versammelten Menschen mischte und durch sie hindurchging, erkannte ihn noch niemand. Sie kannten zwar seinen Namen, aber sein Gesicht war den Städtern noch immer fremd. Der einzige, der ihn kannte, war der freundliche Kellner.

Als er Gezen durch die Menge schreiten sah, ging er sofort auf ihn zu und sagt: "Willkommen, Bruder", und er wandte sich an die Stadtbewohner und sagt: "O Leute, seht her! Das ist unser geschätzter Bruder Gezen, den ich bis heute und ihr bis eben nur mit seinem kostbaren Namen gekannt habt. Das ist sein schönes Antlitz. Er wird heute mit uns sprechen. Was für ein Glück für uns, nicht wahr? Wer der Liebe mit Liebe zuhören will, der sollte jetzt die Ohren aufsperren!"

Gezen neigt sich leicht zum Kellner und fügt hinzu: "Und ihre Herzen..."

Der Kellner lächelt und wiederholt Gezens Worte an die Gemeinde. "Und öffnet eure Herzen!"

Gezen ist ein wenig aufgeregt, denn noch nie hat er vor einer so großen Menschenmenge gesprochen, vor so vielen Fremden, die gleichzeitig so interessiert an ihm sind. Bisher hatte er immer aus einem bestimmten Grund zu den Menschen gesprochen, nach einem Ereignis zum Beispiel. Jetzt steht er vor einer Menschenmenge, die ihn bewundert, ihm in die Augen schaut und ungeduldig zuhören möchte, was er zu sagen hat.

Da er es nicht gewohnt ist, sagt er zum Kellner: "Oh, ich bin aufgeregt, alle schauen mich an. Ich habe noch nie vor so vielen Menschen gesprochen, als stünde ich auf einer Bühne. Schau, sie haben sogar Snacks und Bier mitgebracht!"

"Bruder, es muss doch jemanden geben, der eine Frage an dich hat. Warte, sag nichts, lass sie fragen und du wirst antworten", sagt der Kellner und beruhigt seinen Bruder.

Er geht, wie alle anderen auch, und setzt sich in die Menge, um Gezen zuzuhören. Gezen blickt in die erwartungsvollen Gesichter der Stadtbewohner.

"Seid gegrüßt, ihr schönen Menschen. Mein Name ist Gezen, wie ihr alle zu wissen scheint. Ihr kennt mich schon, soweit ich weiß. Ich bin dankbar für euer großes Interesse. Ich grüße euch mit Liebe. Habt ihr eine Frage an mich?", mit diesen Worten beginnt er sein Gespräch mit den Menschen der Stadt.

"Ja, mein lieber Gezen, ich habe eine Frage an dich", sagt einer von ihnen.

"Dann schieß los und frag."

"Was führt dich in unsere bescheidene Stadt, Gezen?"

Gezen holt tief Luft und beginnt zu sprechen...

"Es ist einzig und allein die Liebe! Das mag wie eine leicht gewählte Antwort klingen. Aber du wirst sie jedes Mal von mir hören, wenn du mir diese Frage noch einmal stellst. Um das zu erklären, werde ich über das Gesetz der Anziehung der Liebe sprechen, von dem heute schon die Rede war und an das ich bei dieser günstigen Gelegenheit noch einmal erinnern möchte. Ein verantwortungsbewusster Mensch fragt sich, wohin er auch kommt: Wie bin ich hierher gelangt, warum bin ich hierher gekommen?

Diese Menschen wollen immer auch wissen, wie und aus welchem Sog die Menschen, die in ihr Leben treten, zu ihnen gekommen sind. Menschen, die Schwierigkeiten mit ihrer Verantwortung haben, vermuten manchmal Dinge, die sie nicht verstehen können, vom Karma bis zum Einfluss der Sterne. Wir scheinen die Wirkung der Liebe in unserem Leben zu vergessen. Meistens ist es jedoch ihre Kraft, die diejenigen anzieht, die uns erreichen, und die uns zu jenen führt, die wir erreichen.

Manchmal können wir ihre Bedeutung nicht fassen. Aber wenn wir die Ganzheit der Liebe betrachten, ist sie der Zweck hinter allem, was geschieht, und gibt uns die Möglichkeit, dankbar zu sein für das, was uns gegeben wurde. Es ist das Gesetz der Anziehung der Liebe, das auch mich hierher geführt hat! Ich habe es noch besser verstanden, seit ich in diese schöne Stadt gekommen bin, und ich werde mit euch teilen, was ich gelernt habe. Während wir die Welt, in der wir leben, unsere Natur, die Meere und das Land, unsere Stadt, unser Viertel, unsere Nachbarschaft, ja sogar uns selbst, unser Wesen, noch nicht ganz verstanden und begriffen haben, hoffen wir, die Geheimnisse des Lebens, die wir suchen, in den Sternen zu finden, die Tausende, ja Millionen von Lichtjahren entfernt sind, und wir bemühen uns und streben danach. Wir haben vergessen, dass es genügt, die Liebe als Ganzes zu erkennen, um die Geheimnisse des Lebens zu lösen und in dieser Welt schöner, glücklicher und friedlicher zu leben.

Die Liebe ist eine einzigartige Kraft, die Zeit und Raum ignoriert, sie transzendiert und ihre eigene grenzenlose Anziehungskraft besitzt. Manchmal gibt sie uns die Antworten, die wir auf unserem Lebensweg suchen, wenn wir sie am wenigsten erwarten. Manchmal führt sie uns an die schönsten Orte und bringt uns die schönsten Wesen. Es würde genügen, für die Liebe bereit zu sein, ihrer würdig zu sein und die Augen zu haben, ihre Wunder zu sehen, um die Gesetze der Anziehung im Einklang mit unseren eigenen Zielen und Erwartungen zu aktivieren. Was auch immer eure Ziele sein mögen, sie werden euch dorthin führen, vorausgesetzt, ihr benutzt sie nicht für einen Zweck, der dem Respekt vor dem Geist der Menschheit widerspricht und einem bösen Zweck dient! Die Liebe mit ihren Wundern ist dem treu, der ihr treu ist, wie ein Soldat, der seine Wünsche und Versprechen als Befehle erkennt und stramm steht. Das ist es, was mich Deiner Liebe näher bringt und meine Liebe zu Dir. Das ist der Grund, warum ich hier bin...".

"Gezen, ich habe auch eine Frage an dich. Wann hast du dich das letzte Mal verliebt?", fragt einer aus der Runde.

Unbehagen steigt in Gezen auf, doch er schüttelt die Schultern und lässt die schmerzlichen Erinnerungen schnell wieder verschwinden.

Er gibt seine Antwort. "Vor nicht allzu langer Zeit habe ich mich in jemanden verliebt. Aber auch wenn unsere Zweisamkeit nicht von Dauer sein sollte, meine Hingabe an die Liebe wird bestehen!".

"Wenn du dich verliebt hast, warum konntest du nicht bei ihr bleiben, Gezen?"

"Weil, meine schöne Schwester, die Liebe sich nicht nach den Plänen der Menschen richtet. Die Menschen, in die wir uns verlieben, sind ein Geschenk, eine Prüfung oder manchmal auch eine Lektion für uns. Natürlich hatte ich einen Plan. Mein Plan war nicht, für eine Weile als Gast in dieser Stadt zu bleiben, in der ich diese Liebe erfahren hatte. Ich würde für den Rest meines Lebens dort leben, so sehr liebte ich sie. Ich wünschte, sie wäre mein Ein und Alles, aber ein Wind kam aus der Welt der Finsternis und nahm sie mir. Ich fühlte mich betrogen, aber ich habe meine Lektion gelernt. Kurzum, auch in einer Welt, in der Partnerschaften zerbrechen können, ist die Tatsache, dass zwei Menschen in Liebe zueinander finden, immer noch das größte Wunder, das es zu erleben und zu entdecken gilt. Vielleicht können Menschen sich selbst betrügen, manchmal betrügen sie auch andere. Sie bauen ein Reich der Lügen aus den Geschichten, die sie erzählen. Sie sind die Herren der Lügenwelt, die selbst eine einzige Lüge ist. Diejenigen, die euch ihre Lügen als Wahrheit verkaufen, präsentieren euch eine Welt, die ihr nicht kennt, die ihr nicht versteht, die aber euer Interesse wecken kann, aber in dieser Welt, die euch präsentiert wird, die eure Augen bemalt und die voller Leidenschaft zu sein scheint, werdet ihr am Ende nur noch Kopfzerbrechen haben. Wie haben es unsere Vorfahren mit ihren Anekdoten noch einmal treffend ausgedrückt? Sie sagten: *"Wenn ein Esel Gras frisst, das er nicht kennt, bekommt er Kopfschmerzen!"*

Du, und du, und du, und du, sei ein starker Mensch, der Verantwortung trägt. Sei so, dass du weißt, du hast eine Lektion auf dem Weg der Liebe gelernt, du schüttelst die Schultern, du gehst weiter, du rebellierst nicht. Man ist dankbar für die Erfahrungen, die man gemacht hat. Der Mensch, der das wahre Gesicht der Liebe erkennt, nachdem er diese Lektionen in einer Welt, die auf Liebe ausgerichtet ist, erfolgreich durchlaufen hat, fällt nicht einmal mehr auf falsche Versprechungen herein. Weil er die Lüge von der Wahrheit unterscheiden kann, frisst er nicht das gleiche, ihm unbekannte Kraut wie der Esel in meinem Beispiel! Er sprengt die Fesseln der irdischen Lügen und nimmt sein Schicksal selbst in die Hand".

Die Worte von Gezen erinnern ihn mehr und mehr an Giden. Ihre Liebe zueinander ist die große Kraft, die es ihnen ermöglicht, in einer Symbiose zu leben. Giden hatte gesagt: *"Es ist die Liebe, die uns zu dem macht, was wir in dieser Welt sind."*

Heute erkennen wir, dass es die Liebe ist, die uns einander näher bringt. Manchmal ist unsere Treue zu unserem eigenen Leben, unsere Liebe, auch das, was uns voneinander entfernt. Obwohl wir es auf den ersten Blick nicht zu wollen scheinen, ist es die schönste Entscheidung, die für uns getroffen wurde. Es ist sogar diese Liebe, die die Sterne in einem festen Abstand zueinander hält und das Universum umspannt. Auch wenn der Zusammenstoß und der Tod der Objekte im Universum wie eine Katastrophe erscheint, so bewirkt er doch gleichzeitig, dass sie neues Leben verbreiten, und das ist das Opfer ihrer Liebe für die Gesetze des

Universums. Es ist die Existenz von Menschen, die frei von jeder Lüge sind, die des Wunders der Liebe würdig sind, die uns von der Liebe des Universums erzählen und uns seine Schönheiten nicht vergessen lassen. Ihr Opfer hat uns auch diese Erkenntnis gebracht. Ihre Gegenwart erinnert uns an den Raum, den das Licht der Dunkelheit und die Dunkelheit dem Licht gibt. Sie erinnert uns auch an den Raum, den der Tod dem Leben gibt und das Leben dem Tod. Und sie sagt uns, dass alles in Einheit aus dem Fluss der Liebe kommt.

Nach den Fragen, die auf dem Weg ohne Liebe beantwortet wurden, entsteht ein neues Unbekanntes, ein neues Fragezeichen. Wenn wir jedoch das Element der Liebe zu den Antworten hinzufügen, die wir suchen, werden wir sehen, wie leicht wir jedes Problem lösen können. In den Geheimnissen des Universums sehen wir, dass selbst Objekte, die weit voneinander entfernt sind, miteinander in Kontakt stehen. Obwohl dies gegen einige Gesetze der Wissenschaft verstößt, verstößt es nicht gegen die Gesetze der Liebe. Während die Welt der Wissenschaft mit Erstaunen die Teilchen beobachtet, die sich scheinbar gegen diese Gesetze verhalten, wird sie eines Tages erkennen, dass sie die ganzheitlichen Geheimnisse des Universums nicht lösen kann, wenn sie die Liebe ignoriert. Wir haben gelernt, dass das Gesetz der Anziehung der Liebe die Objekte sowohl einander näher bringt als auch von einander wegtreibt. Die Liebe selbst bleibt immer da, wo sie ist. Die Liebe ist auch ein Licht, das aus unserem Inneren, aus dem Spiegel unseres Herzens leuchtet. Solange wir uns an ihr orientieren und ihr treu bleiben, wird sie uns ihre Treue, ihre Reinheit, ihr Wunder, ihre Anziehungskraft und ihr Licht nicht vorenthalten. Alle Wesen, die sich an ihr orientieren, sehen in jedem Wort der Verse der Liebe ein Licht, das immer in uns herabsteigt und aus uns herausstrahlt.

Wenn es nicht die Liebe ist,

die durch dich spricht,

dann ist dein Versprechen

dass du mir gibst

kein Licht für mich!

(Anonym)

Loyalitaet der Liebe

Es hat den Anschein, dass Loyalität in den meisten Fällen nur ein Mittel zur Wahrung persönlicher Interessen ist. Wenn man jemandem gegenüber loyal ist, erwartet man dann nicht, dass er einem gegenüber die gleiche Loyalität zeigt? Natürlich erwartet man das! Wenn er das nicht tut, werden wir zornig! Was dann passiert, ist immer klar! Um zu verstehen, was reine Loyalität wirklich ist, müssen wir zur Loyalität der Liebe zurückkehren. Denn die Liebe ist das fruchtbarste, reinste und würdigste Gesicht der Treue. Jedes Wesen sieht in der Treue zu ihr die größte Belohnung, ohne Gegenleistung.

Wer in dieser Welt der Illusionen jemandem die Treue schwört, muß es in dem Bewußtsein tun, wem er es schwört, wie er es schwört und wofür er es schwört. Und bedenke: Diejenigen, die diese Treue fern von der Liebe zu finden hoffen, wissen, dass das, was ihnen als Treue vorgegaukelt wird, nur um der Interessen willen vorgegaukelt wird, und deshalb folgt ihnen immer ein Gefühl des Mangels. Denn sie wissen, dass es nicht aus dem Herzen, aus der Liebe kommt. Und wie nennen sie diese Menschen, die ihr Gelübde als Lippenbekenntnis nur auf der Zunge, aber nie im Herzen tragen, wenn sie ihre Treue zu anderen zeigen? Verräter! Natürlich sind Entscheidungen, die nicht mit Liebe getroffen werden, Loyalitäten, die nicht mit Liebe empfunden werden, wie eine Blume, die ohne Licht zu wachsen versucht. Wenn wir erwarten, dass die Menschen die Loyalität, die wir von ihnen erwarten, nur nach unseren Erwartungen zeigen, werden sie eines Tages gehen und die gleiche Loyalität nach den Erwartungen der anderen zeigen. Ist das gerecht? Nein, natürlich nicht. Es liegt in der Natur dieser Art von Loyalität, ungerecht und sogar untreu zu sein. Wir wollen niemanden verletzen oder gar töten, aber manchmal zwingt uns die Loyalität gegenüber einer Fahne, einer Organisation oder einer Religion dazu. Wenn Sie fragen, ob diese Art von Loyalität immer gut ist, dann natürlich nicht. Die Treue zur Liebe ist immer rein und führt niemals zu bösen Taten! Unsere Treue zur Liebe wird durch die Treue der Liebe zu uns erwidert. Unser Glaube, unsere Hingabe und unser Vertrauen in die Liebe führen dazu, dass sie niemals in unserem Leben fehlt.

Loyalität den Versen der Liebe...

Die Worte der Verse der Liebe sind die Antwort auf unsere Fragen, wenn wir bereit sind, sie zu hören. Lasst uns ihnen treu sein und sie gut verstehen! Obwohl die Treue des Menschen in der Welt manchmal zum Tode führt, ist seine Treue zur Liebe und die Treue der Liebe zu ihm unsterblich. Wer das sehen, verstehen und wissen kann, der hat das Geheimnis gelöst! Die Liebe schaut nicht auf eure Kraft, den Schmerz zu ertragen, sondern erwartet, dass ihr ihr dennoch treu bleibt. Der Lohn ist, dass sie euch auf diesem Weg lehrt, was wahre Treue ist, indem sie von euch erwartet, dass ihr ihr unter allen Umständen treu bleibt!

Einer der Zuhörer des Gezen spricht mit schmerzlichen Worten. "Es ist sehr schwer, durch den Schmerz zu gehen und der Liebe treu zu bleiben, ihr treu zu sein!

Gezen gibt darauf eine bekannte Antwort. "Man sagt, dass derjenige, dem die Milch die Zunge verbrennt, den Joghurt sachte essen wird, nicht wahr?"

Gezen lacht und fährt fort. "Manche sagen, sie seien von der Liebe erschöpft und betrügen sich selbst, indem sie sich von ihr fernhalten. Wollen wir nicht wieder lieben, geliebt werden, uns der Liebe zuwenden, uns verlieben?"

"Natürlich will der Mensch wieder geliebt werden, sich verlieben, Gezen. Es gibt kein schöneres Gefühl und keinen befriedigenderen Zustand auf der Welt als die Liebe, und der Mensch will immer wieder zu ihr zurückkehren", antwortet eine Zuhörerin voller Freude.

"Dann hört gut zu, was ich euch jetzt sagen werde", sagt Gezen und spricht weiter...

"Für einen Menschen, der auf die Liebe ausgerichtet ist und bei ihr bleibt, gibt es keine Definition des Gefühls, verliebt zu sein. Man lernt, dass das Gefühl, verliebt zu sein, die Schönheit eines Menschen und das Glück, das man empfindet, wenn man mit ihm zusammen ist, aus der Liebe zu ihm kommt. Es ist die Liebe selbst, die euch lehrt, den Menschen in all seinen Formen, in all seinen Aspekten zu lieben. Die Liebe ist eine große Wahrheit, die immer da ist. Für diejenigen, die es zum ersten Mal hören, mag es schwer klingen. Aber ist es nicht das Recht der Liebe, sich immer wieder zu erinnern? Ist es nicht ihr gutes Recht, nicht nur an sie erinnert zu werden, wenn wir sagen, ich bin verliebt, sondern auch zu jeder Zeit? Das Geheimnis der Liebe gemeinsam zu erreichen, indem ihr mit einem Menschen diesen erleuchteten Weg der Liebe geht, ist die schönste der Lektionen und Lehren, die ihr erhalten werdet, und die Lösung dieses Geheimnisses wird euch erkennen lassen, dass die Liebe immer bei euch ist und dass nur menschliche Körper einander in der Welt begegnen. Habt ihr jemals die Liebe aus diesem Blickwinkel betrachtet, unabhängig von eurer physischen Nähe? Die Liebe, die wir leben wollen, und das Geheimnis der Liebe, das wir suchen, ist das, was sie in sich selbst verbirgt. Was wir sehen können, ist immer nur das, was sie uns gewährt.

Bisher haben wir es immer gespürt, auch unbewusst, dass die Liebe zu uns kommt. Vor allem dann, wenn wir uns entscheiden, auch trotz aller Widrigkeiten das Schöne in einem Menschen zu sehen. Die gleiche Schönheit kann man in der Natur, in der Welt und in allen Wesen sehen, und sie ist immer in allem gegenwärtig. Diese Zeichen beweisen, dass es kein Hindernis mehr gibt, die Liebe zu jeder Zeit und an jedem Ort zu erkennen. Wir betrügen uns selbst und andere, indem wir glauben, das Gewicht unserer Versprechen mit einer Unterschrift beweisen zu können. Was hält uns mit diesem Menschen zusammen, was hält uns mit der Natur zusammen, was hält uns mit dem ganzen Universum zusammen? Lieben wir alles, was uns in der Welt zusammenhält, den Ehepartner, das Kind, die Natur, das Tier, die Blume, das Insekt und sogar diejenigen, die wir nicht sehen können, mit Liebe ohne Unterschrift, ohne Worte, ohne Schwur! Lasst uns so wahrhaftig lieben, dass wir nicht mehr davon nur träumen, dass wir uns nicht mehr belügen und betrügen können!"

Gezen hat die Treue zur Liebe nicht aufgegeben. Und die Liebe ist ihm mit ihrem Licht treu geblieben, und ebenso treu spricht sie weiterhin aus seinem Munde...

"Und schließlich, meine lieben Zuhörer, will die Liebe nur eure Treue zu ihr. Eure Treue zu einer Person zählt nicht als eure Treue zur Liebe. Eure Loyalität zu dieser Person verwirklicht sich innerhalb der roten Linien eures Zusammenlebens, eurer Ehe, eurer Beziehung. Das Ende eurer Treue zueinander bedeutet das Ende eurer Zweisamkeit, eurer Ehe oder was auch immer ihr miteinander durchlebt habt, was ihr im Gesicht dieser Person gesehen habt, aber was auch immer mit euch geschieht, was auch immer zu Ende geht, die Liebe endet nie. Sagt also niemals, dass die Liebe zu Ende ist! Ein junger Mann, der auch gekommen war, um Gezen zu hören, steht auf, geht auf ihn zu und steht stumm wie ein Baum vor ihm, ohne ein Wort zu sagen. Die Stimmung des jungen Mannes ist unklar. Gezen fragt: "Nun, mein Tapferer, bist du gekommen, um uns zuzuhören, oder um uns zu verfluchen?"

Der Tapfere, der plötzlich vor Gezen auf die Knie fällt, sagt: "Deine Worte versetzen mir einen Tritt ins Herz. Ich habe keine Kraft mehr in den Knien."

Nach diesen Worten, die Gezen von dem jungen Mann nicht erwartet hatte, ergriff er dessen Hand und sagt: "Steh auf, steh auf und erzähle mir von deinem Schmerz, mein tapferer Junge! Warum bist du hier so zusammengebrochen, warum weinst du, was ist mit dir geschehen?"

Der junge Mann namens Yigid, der seine Hände hielt und voller Mitgefühl in sein Gesicht hineinschaut, sagt: "Es ist offensichtlich, dass niemand außer dir meine missliche Lage verstehen kann, aber ich weiß nicht, wie ich dir mein Leid erklären soll."

"Sag mir, was in deinem Herzen ist, mein Tapferer, nicht, was in deinen Erinnerungen ist!"

Mit dem Mut, den er aus diesen Worten schöpfte, setzt sich Yigit neben Gezen, wischt sich die Tränen aus den Augen und beginnt, sein Problem zu erklären...

"In meinem Leben dachte ich, mein Verstand sei weit über das hinausgewachsen, was ihr hier Liebe nennt. Ich dachte, Liebe sei ein primitives, einfaches und niederes Gefühl. Da ich ein so arroganter Mensch war, der sich in einem riesigen Spiegel sah, glaubte ich, ohne sie leben zu können. Ich begann sogar, ihre Existenz zu hassen, wegen des Schmerzes, den sie mir früher zugefügt hatte. Ich hasste sie so sehr, dass ich jeden Tag versuchte, sie in mir zu töten. Ich wollte nicht einmal einen Gedanken daran verschwenden, wie viel Glück sie mir geben könnte. Und das nur, weil ich solche Angst hatte, es eines Tages wieder zu verlieren. Ich verfluchte die Liebe wegen dieser eingebildeten Verlustangst. Aber als ich versuchte, ohne sie weiter zu leben, ohne sie zu denken, ohne sie nur noch zu hassen, sie zu ignorieren, stellte sich heraus, dass ich in Wirklichkeit ohne sie in eine dunkle Welt hinabgestiegen war und in dieser Welt zerschmolz.

Obwohl ich das wusste, wollte ich keine Kompromisse eingehen, denn ich wollte nicht von der Liebe, die ich hasste, besiegt werden. Obwohl ich mir einredete, dass diejenigen, die Liebe erfahren, sich in einer unglücklichen Lage befinden, sah ich doch, dass diejenigen, die wirklich Liebe erfahren hatten, immer glücklich waren und trotz allem immer fröhlich bleiben konnten. Als ich sah, dass ich Unrecht hatte, wollte ich mein Herz retten, dass ich zu einem Leben in Gefangenschaft ohne Liebe verurteilt hatte. Ich begann mich meiner Menschlichkeit, meines Ichs zu schämen. Ich erinnerte mich daran, dass es die Liebe ist, die uns in jeder Hinsicht glücklich macht und unser Leben mit ihren Wundern erhellt. Ich bin dankbar für alles, was mich dazu gebracht hat, sie endlich von einer ganz anderen Seite zu sehen und zu ihr zurückzukehren. Nach dem, was du mir gesagt hast, wollte ich mich daran erinnern und es mit dir teilen, um mir selbst zu verzeihen. Ich frage mich, ob die Liebe mir auch verzeihen wird?"

Gezen schaut in die tränengeröteten Augen des Jungen, empfindet tiefes Mitleid mit ihm und sagt: "Verzeihe dir selbst zuerst, mein tapferer Junge! Die Liebe mag es nicht, wenn du dich selbst verurteilst. Sie will nur, dass du dich ihr zuwendest und ihr treu bleibst. Sie ist genug für dich und auch für uns!"

Yiğit ist überglücklich, das zu hören. Er fühlt sich augenblicklich befreit von dem Zustand, in dem er sich kurz zuvor befunden hat. Seine Arroganz hat sich in Stolz verwandelt und sein Gesicht strahlt wieder vor Liebe.

"Du bist wirklich und wahrhaftig ein Soldat der Liebe, mein lieber Bruder Gezen!", sagt Yiğit.

Und die Liebe hat mit diesem tapferen jungen Mann einen neuen Soldaten in ihrem Heer gewonnen. Wie er stehen auch wir in einem ständigen Konflikt mit unserem Ego, dem Hass, dem Egoismus und der Dunkelheit. Der Kampf mit ihnen ist noch nicht zu Ende und wird es auch nie sein."

Einer der großen Meister der Liebe sagte einmal: "Die Liebe kennt keinen Krieg!" Und Tante Ermis sagte einst: "Der beste Krieg ist, ihn zu gewinnen, ohne mit irdischen Waffen zu kämpfen. Die Liebe selbst ist das schärfste Schwert gegen die Finsternis."

Dieser Krieg ist wie unser Kampf mit unserem Nafs. Wir können es nicht töten. Aber zu verhindern, dass es unser Leben bestimmt, ist unser größter und andauernder Krieg mit ihm. Die Wahrheit ist auch, dass der Kampf zwischen Licht und Finsternis ewig währt. Wir müssen uns für eine Seite entscheiden. Ich hoffe, dass die Seite, die ihr wählt, die Seite der Verse der Liebe sein wird, die Seite des Lichts!

Vertrauen in die Liebe...

Glauben die Menschen etwa, dass es besser ist, dunkle Gefühle zu haben und zu hassen? Es scheint für uns leichter zu sein, zu fluchen und zu rebellieren, aber das Richtige ist, sich von den dunklen Gefühlen zu reinigen und nicht wie dieser tapfere Mann der Gefahr des Zerfalls ausgesetzt zu sein. Steh fest im Glauben an die Liebe und schütze dich, dein Herz und dein Leben vor Hass und Hetze. Weiche nicht von den Wegen ab, die die Augen färben, aber das Herz verdunkeln, weil sie für den Augenblick verlockend erscheinen.

Dem, der auf die Liebe ausgerichtet ist, wird alles von vornherein leichter fallen. Habt Geduld und wartet darauf, dass sie eure Welt mit seinen Farben färbt. Die Farben, mit denen sie eure Welt bemalt, sind noch schöner als die Farben dieser schönen Häuser hier. Die Menschen, die sich nicht der Liebe zuwenden, werden eines Tages aufhören, Menschen zu sein, denn solange der Mensch Mensch bleibt, wird die Liebe einen Weg in sein Leben finden, aber was kann selbst die Liebe denen antun, die aufhören, Menschen zu sein? Es ist unser Glaube an die Liebe, der uns unserer Fähigkeit, Gutes zu tun, am nächsten bringt, der uns hilft, unsere Menschlichkeit zu bewahren. Wir alle sind auf dem Weg, dies zu verstehen, zu lernen und anzuerkennen. Die Treue der Liebe besteht darin, dass sie diejenigen, die ihr dankbar sind, vom ewigen Krieg mit dem Nafs, dem menschlichen Ego, befreit.

"Gehört Eifersucht zur Liebe?", fragen sie.

Gezen lacht und antwortet: "Nein, absolut nicht! Es gibt kein Gefühl, das so verletzend und zerstörerisch ist wie die Eifersucht. Eifersucht ist eine sehr gefährliche Emotion, die sowohl demjenigen schadet, der sie empfindet, als auch demjenigen, der darunter leidet, vor allem, wenn sie die Grenzen überschreitet. Wenn du eifersüchtig bist, denkst du, dass die Dinge, die du vermeintlich liebst, dir gehören und dass du sie mit niemandem teilen willst. Du willst nie, dass jemand sie so ansieht, wie du sie ansiehst, du willst nicht, dass sie jemanden so ansieht, wie sie dich ansieht. Du willst nicht, dass jemand die Wärme und Schönheit dieses Lächelns sieht. Du willst, dass es nur dich erleuchtet, und du sperrst dieses Lächeln ein, dass sogar die Macht besitzt, die ganze Welt zu erleuchten. Ein eifersüchtiger Mensch sperrt dieses Lächeln ein. Wenn du erkennst, wie sehr du durch deine Eifersucht das herabsetzt, was du vor dir siehst und als einzigartig für dich betrachtest, wirst du begreifen, wie sehr du dem anderen und dir selbst durch deine Eifersucht Unrecht tust. Nur die sichtbare und irdische Schönheit für die Wahrheit zu halten, versperrt den Weg zur Wahrhaftigkeit, denn jeder kann sehen, was schön ist, aber nicht jeder kann sehen, was die Liebe offenbart. Wir besitzen nichts Irdisches, deshalb können wir es nicht wagen, irgendetwas zu verändern, nur weil wir versuchen, es mit unserer Eifersucht zu kontrollieren. Ein Wesen lieben zu können, ohne es besitzen oder gefangen halten zu wollen, ist die kostbarste Form der Liebe. Die Liebe erlaubt keine Einschränkungen, keine Unsicherheit, keinen Druck und keine Begrenzungen. Sonst verlässt sie dein Leben. Ein Mensch ist keine Ware! Schon gar nicht ist er das persönliche Eigentum von irgendjemandem.

Wenn du eifersüchtig sein willst auf dein Haus, dein Eigentum, deinen Besitz, deinen Reichtum, dann kannst du es sein. Dann setze deine Verbote, teile es nicht mit anderen, gib es auf keinen Fall weiter. Das ist deine persönliche Angelegenheit, und in diesem Fall wirst du geizig, gierig und egoistisch sein. Die Gefühle, die du für diese Güter und Besitztümer hegst, werden dich nach und nach von deiner Menschlichkeit entfernen. Wenn du solche Gefühle für einen Menschen hegst, wirst du auch viele dieser schlechten Eigenschaften haben. Man sagt über diese Menschen, sie seien giftig, lieblos, unsicher, egoistisch und feige. Der Weg, um von diesen schlechten Gefühlen gereinigt zu werden, ist Liebe, Hingabe und Loyalität, und wenn man auf diesem

Weg von diesen schlechten Gefühlen gereinigt werden kann, wird man selbstbewusster werden und im Licht und Vertrauen des Lebens leben. Wenn ihr aufhört, eifersüchtig auf euren Reichtum und euren Besitz zu sein, werdet ihr von den Gefühlen des Geizes und der Selbstsucht gereinigt und werdet vielleicht sogar auf diese Weise zu Wohltätern. "

Sie fragen ihn: "Und wann erfahren wir die Liebe? Erfahren wir die Liebe, nachdem die Leere in unseren Herzen gefüllt ist und die Fragezeichen in unserem Geist verschwunden sind, oder vorher?"

"Die Liebe kennt kein Vorher und Nachher. Sie will immer, dass du ihr vertraust. Bis wann erleben wir die Liebe, dieses schöne Gefühl? Finden wir alles schön bis zum ersten Rückschlag und der ersten Enttäuschung und geben dann die Liebe auf? Selbst wenn für die Wesen, die mit der Liebe verbunden sind, alle Negativitäten zusammenkommen, reicht es nicht aus, dass sie aufgeben. Sie gehören zu denen, die die Prüfungen bestehen. Liebe kennt keine Fragezeichen. Wenn man den Menschen, den man liebt, und seine Treue in Frage stellt, stellt man in Wirklichkeit seine eigene Liebe in Frage. In dem Moment, in dem du das tust, spürst du, wie die Liebe dich verlässt, wie ein kleiner Tod in dir. Ihr fangt an, euren Geliebten im Rahmen der Verwirklichung dieser Bedingungen zu lieben, aber es weht ein kalter Wind in eurer Welt, die von Unsicherheit erfüllt ist, denn das ist keine Liebe mehr! Ihr werdet unbewusst zum Mörder dieses wunderbaren Gefühls, das ihr erlebt, eurer Liebe, eurer gemeinsam gelebten Liebe. Stellt niemals die Liebe und eure Liebe in Frage! Wenn sie zu euch kommt, erkennt sie an. Die Treue zur Liebe lehrt dich, Schönheit, ihr zu vertrauen, sie nicht in

Frage zu stellen, keine Verabredungen mehr mit ihr zu treffen, indem du sagst, sie soll zu dieser Zeit kommen und zu jener Zeit gehen. Der Weg, die Liebe zu verstehen, besteht darin, mit der Liebe zu leben, und nur mit der Liebe in ihrer reinsten, klarsten und einfachsten Form. Stellt die Geschenke, die euch angeboten werden, nicht in Frage. Die Liebe erwartet von euch, dass ihr bedingungslos und vorbehaltlos an sie glaubt und euch an sie bindet! Seht es als Anbetung, als Orientierung, als Meditation. Seht diese Ausrichtung, wie ihr wollt, aber wendet euch der Liebe zu und bleibt in ihr. Es ist nicht möglich, die Liebe so zu erklären, dass die Menschen sie verstehen, wenn man die Größe ihres Mysteriums bedenkt.

Wir können das, was sich hinter dem Vorhang der Geheimnisse verbirgt, nur in dem Maße sehen, in dem der Vorhang geöffnet und so mit uns geteilt wird. Es gibt Menschen, die meinen, alles über die Liebe zu wissen, ohne den Spalt im Vorhang zu sehen, den die Liebe geöffnet hat, und beginnen, von der Liebe zu berichten. Wir Menschen glauben, die Liebe in unseren Liedern, Versen und Zeilen fassen zu können, aber in Wirklichkeit haben wir sie weder dort gefasst, noch waren wir jemals in der Lage, ihre Bedeutung in ihrer Gesamtheit festzuhalten. Wehe denen, die versuchen, die Liebe auf diese Weise zu beschreiben, und die in ihrer Arroganz meinen, die Liebe müsse sich weiterentwickeln, um zeitgemäß zu sein. In Wirklichkeit versucht der Mensch nur, die Liebe zu beherrschen, sie wie ein Werkzeug zu schärfen und den Bedürfnissen anzupassen. War sie früher in der Ehe notdürftig eingesperrt, so ist sie heute in der Freizügigkeit der sexuellen Begierden gefangen und soll dort bitteschön nach unserem Gutdünken funktionieren. Die Geschichte hat uns immer wieder gelehrt, dass dies nicht möglich ist. Wir waren immer nur in der Lage, das wiederzugeben, was die Liebe freigesetzt hat, und wir waren immer nur in der Lage, in den Versen der Liebe das zu beschreiben, was die Zeit der Welt in Wahrheit braucht. Es war immer die Liebe, die diktierte, und wir waren es, die die Feder in der Hand hielten, um seine Verse in eine Sprache zu übersetzen, die wir verstehen konnten. Die Liebe wurde dann in diesen Zeilen gelesen, die mit ihrer Erlaubnis geschrieben wurden, die sie mit den Versen der Liebe in unsere Hände gegeben hat!", antwortet Gezen.

Ein klarer Sieg der Liebe

Eine lange und beschwerliche Reise geht zu Ende. Doch der Weg der Verse der Liebe wird niemals enden.

Der Mensch ist sterblich wie die Welt, in der er lebt. Es gibt kein Schicksal, das ihn für immer vor der Vergänglichkeit in dieser Welt bewahren kann. Auch wenn es hinter dem Vorhang ist, hat es uns durch sein Licht bewusst gemacht, was es für uns bereithält. Wir haben die Prüfungen bestanden und unsere Lektion gelernt. Vor allem haben wir die Liebe aus den Käfigen in den Köpfen der Menschen befreit, in die sie sie einzusperren versuchen. In den Versen der Liebe haben wir sie als ein Ganzes gesehen, das nicht in diese Käfige passt. In diesen Versen haben wir das Duo Giden und Gezen, die Reisenden der Liebe, begleitet. Auch sie teilten mit uns, was sie sahen, erlebten, fühlten und begehrten. Sie hörten auf die Stimme der Herzen, die an die Liebe glauben, und gingen ihren Weg mit denen, die die Zeilen der Verse der Liebe mit dem Herzen lasen.

Wir wurden Zeuge, mit wem sie teilten, was sie wussten, und wie sie mit uns teilten, was sie über die Natur, die Menschen, das Sichtbare und das Unsichtbare gelernt hatten. Während wir ihre Geschichten aus ihren Mündern lasen, sahen wir, wie sie aufklärten und erleuchteten, wie sie sagten, was sie wirklich wussten, frei von der Mentalität und der Verwirrung, aus der sie gekommen waren und die die Liebe noch nicht verstanden hatte.

Wir haben gesehen, dass die Menschen, die ihnen zuhören, Glieder einer größeren Welt sind. Nachdem sie die Liebe erkannt hatten, wurde die Welt, in der sie sich befanden, von ihrem Licht erhellt, und sie spürten zutiefst, dass selbst der Boden, auf den sie traten, mit ihr verbunden war. Gehören wir nicht auch zu denen, die vor ihnen saßen und ihnen zuhörten, als sie diese Zeilen verlasen? Wurden nicht auch wir von unseren Vorurteilen gegenüber der Liebe gereinigt? Haben wir nicht erkannt, dass das meiste, was wir bisher über die Liebe wussten, in Wirklichkeit eine Lüge war? Haben wir ihnen nicht auch Fragen gestellt und von ihnen Antworten erhalten? Wer weiß, wie viele Geheimnisse der Liebe wir noch entdecken werden, wenn wir den Weg der Liebe gehen? Ich bin fest davon überzeugt, ja ich glaube daran, dass wir, wenn wir auf dem Weg der Liebe entschlossen und beständig bleiben, die Antworten auf viele unserer Fragen über die Liebe finden werden.

Wir haben sie aus den herablassenden Epitheta der Gedichtzeilen herausgeholt, aus der Traurigkeit, in der sie die

Lieder zu ertränken versuchten, aus dem zerstörerischen Boden der Raki-Flaschen und aus dem Käfig, in den sie durch die Ehe eingesperrt war; wir haben sie aus der Sexualität herausgeholt, aus dem Gefühl des Besitzes, aus den Fesseln der Eifersucht und sogar aus den bösen Ambitionen von Gefühlen wie Hass und Rache.

Aber es gibt Menschen, deren Suche nach der "Wahren Liebe", die sie sich in ihrem Kopf ausgemalt haben, erfolglos bleibt. Diese Suche macht sie zu Reisenden ohne Ziel. Wir haben gelernt und geglaubt, dass es die "Wahre Liebe" nicht gibt. Im Wesen der Liebe gibt es nur Liebe. Wir brauchen die Liebe und ihren universellen Geist nicht zu verstehen, um der Gesellschaft und der Natur dienlicher zu sein. Es genügt, sich der Liebe zuzuwenden. Es liegt an euch, wie ihr diese Hinwendung zur Liebe verwirklicht. In den Versen der Liebe gibt es keine Anweisung, wie man sich der Liebe zuwenden soll. Das Fehlen einer solchen Anweisung ist darauf zurückzuführen, dass du deinem freien Willen und deiner Wahl überlassen bist, so wie wir das Gute oder das Böse wählen können. Ebenso wird dich dein Charakter und dein Herz zum Guten, zur Liebe führen.

Dann wird diese Richtung, die Richtung des Guten, bereits die Richtung der Liebe sein. Der Weg dorthin führt über die Entscheidungen, die ihr treffen werdet. Ist das nicht wunderschön? Es liegt an euch, wo, in wem und wie ihr anfangt, die Liebe zu sehen. Das kann damit beginnen, dass ihr die Schönheit eines Menschen, die Besonderheiten eines Tieres oder auch eines der faszinierenden Wunder der Natur wahrnehmt. Dieses Erwachen in dir wird der Beginn deines Pfades zur Liebe sein. Es gibt keinen bestimmten Zeitpunkt für dieses Erwachen. Es gibt keine Methode, keine Technik, keine Abfolge von Bewegungen wie bei der Anbetung, der Umrundung oder der Pilgerfahrt. Es gibt keine Seite, der man sich zuwenden muss; es gibt keine Richtung, die man als rechts, links, Süden oder Norden bezeichnen könnte. Ihr seid schließlich Menschen, ihr vergesst, und manchmal erinnert ihr euch nicht, weil ihr es verleugnet. Man wartet auf einen Befehl oder ein Rezept, man will eine Straßenkarte oder einen Führer, der einem den Weg zur Liebe zeigt. Ihr Zustand gleicht dem eines Menschen, dessen Augen von der Dunkelheit geblendet sind und der in der Finsternis nach einer Taschenlampe sucht, um ans Licht zu gelangen. Zeigen uns diese Menschen, die ohne Führung und ohne Führer nicht weiterkommen, nicht, wie weit wir uns von der Liebe, vom Licht, vom Weg zum Licht entfernt haben?

Aber nichts ist einfacher, als sich ihm zuzuwenden. Du kannst sie finden, wohin du dich auch wendest, so wie ein Ordensmann sie in seiner Semah findet. Tu das, was dir als erstes einfällt, wenn du darüber nachdenkst, dich der Liebe zuzuwenden. Wenn du daran denkst, deine Kinder besser zu behandeln, dann tue es. Wenn du daran denkst, deinen Ehepartner besser zu behandeln, dann tue das. Wenn du daran denkst, die Natur, die Blumen und die Insekten besser zu schützen, dann schütze sie noch besser. Wenn du daran denkst, besser auf dich aufzupassen, dann fange damit an. Du weisst, wenn wir irgendwo anfangen, kommt der Rest von selbst. Wenn Du Deinen Nachbarn, Deinen Chef, Deine Arbeitskollegen, Deine Kinder, Deinen Ehepartner, wen auch immer und was auch immer besser behandelst, dann wendest Du Dich bereits der Liebe zu. Du kannst dieses

Gefühl, das in dir entsteht und wächst, nicht mehr aufhalten. Dann wirst du liebevoller und mitfühlender mit den Tieren, mit der Natur und sogar mit deinem Glauben verbunden sein. Auf diesem Weg wirst du lernen, dass derjenige, der die Natur liebt, auch die Menschen liebt, dass derjenige, der die Tiere gut behandelt, auch die Menschen und die Natur gut behandelt, und dass alle Liebe ein ineinander verwobenes Netz ist. In jedem Wesen gibt es Licht, das darauf wartet, aus der Liebe herabzusteigen und herauszukommen. Ihr werdet fähig sein, diese Lichter zu sehen. Die Liebe wartet darauf, dass ihr sie erkennt und von ihr erleuchtet werdet.

Der Weg der Liebe ist ein Weg der Leichtigkeit. Aber der Mensch empfindet den leichten Weg als zu einfach. Es macht ihm mehr Vergnügen, ihn durch Kämpfen, Zerstören, Töten zu erreichen. Wenn er diese Dinge nicht tun muss, klingt das, was man ihm über die Leichtigkeit der Liebe sagt, wie Unsinn. Wer diese Leichtigkeit erkennt, wird das Leben nicht als Frivolität empfinden, sondern als verantwortungsbewusstes Leben. Er erkennt, dass alles bei ihm ist, in ihm selbst, dass Flucht zwecklos ist. Wer der Liebe treu ist, hat auch die Suche nach sich selbst und die Flucht vor sich selbst aufgegeben!

Es gibt keine Selbstfindung, und es ist töricht, vor sich selbst zu fliehen. Der einzige Weg, frei zu werden von dem Versuch, vor sich selbst zu fliehen, oder von dem Wunsch, sich selbst zu finden, ist, mit sich selbst im Frieden zu sein und sich selbst zu lieben.

Die Liebe hat keine Form, die in irdische Rahmen passt. Sie dennoch in einen dieser Rahmen zu pressen, ist so töricht, wie einen Fisch aus dem Wasser zu nehmen und zu versuchen, ihn auf der Erde am Leben zu erhalten. So betrachtet die Liebe die Orte, in die wir Menschen sie einzuschließen versuchen, als Gräber.

Wie der Mond das Licht der Sonne braucht, um zu leuchten, so braucht ihr das Licht der Liebe, um erleuchtete Wesen zu sein! Wenn der Mond sich weigert, sich der Sonne zuzuwenden, verschwindet er in der Dunkelheit. So wie ihr, wenn ihr Unwissende der Macht der Liebe seid!

Die Stimme der Liebe...

Die Liebe spricht zu euch durch die Sprache der Welten. Ihr denkt, ihr habt sie nie gehört, diese Sprache? Habt ihr noch nie gehört, wie die Wellen rauschen, wenn morgens die Sonne über dem Meer aufgeht? Oder noch nie dem Gesang der Vögel im Wald gelauscht? Noch nie mit dem Herzen dem Gespräch der Rotglut der auf- und untergehenden Sonne gefolgt? Erinnert ihr euch jetzt an den Klang der Liebe und ihrer Sprache? Jetzt ist euch bewusst, wie nah ihr dem Universum der Liebe seid.

Die Stimme der Liebe gewinnt die Vorherrschaft.

Die Liebe sagt uns immer und überall die Wahrheit, wo immer sie erfahren wird: In der Ehe, in jeder Art von Partnerschaft, mit der Geliebten, im Liebeswerben von Balkon zu Balkon, in der Liebe zu Mutter und Vater, zum Kind, zum Vogel, zum Hund, zum Feld.

Vergiss nie! Du kannst der Liebe keine Pflichten auferlegen! Sie ist nicht verpflichtet, dich zu beschützen! Sie bewahrt dich nicht davor, verlassen zu werden. Das ist nicht ihre Aufgabe. Wenn wir sagen, dass die Liebe zu uns kommt, heißt das nicht, dass alles nach unseren menschlichen Erwartungen geschehen muss. Wenn sie kommt, hängt es von deinen eigenen Bemühungen und Anstrengungen ab, deine Beziehung zu schützen. Es ist wie mit der Blume: Wenn du sie nicht gießt, wird sie eines Tages verwelken.

Wenn die Liebe sieht, dass du dich ihr zuwendest, schon dann hält sie dich für würdig, erleuchtet zu werden. Sie kommt zu dir, berührt dich mit ihrem Licht. Du erkennst dieses Licht und weißt, dass es kein Feuer ist, vor dem du dich fürchten musst. Du beginnst, Vertrauen in dich und dein Leben zu entwickeln, und du beginnst, alles mit Liebe und Mitgefühl zu betrachten. Das ist das große Vermächtnis der Liebe! Die Verheißung in den Versen der Liebe!

Giden und **Gezen**...

Sie erkannten, dass sie nicht am Ende eines Weges waren, sondern am Anfang eines neuen Wegs. Gemeinsam beobachten sie den Sonnenuntergang und lauschen ihrem Gedicht. Auch wenn auf den Untergang der Sonne ein dunkler Schleier folgt, der das Licht verdeckt, so ist es doch das Licht der Liebe, dass von nun an ihren Weg auf ihren Pfaden erhellen wird. Unter dem Schutz der Verse der Liebe werden sie niemals in der Dunkelheit sein. Als Reisende des Lichts sind sie nicht mehr Liebende, sondern Soldaten der Liebe. Ihr Name ist **LIEBSTER**, in der wachsenden Armee der Liebe!

Und es sind die Verse der Liebe

die ihre ehrenvollen Ränge bestimmen!

Ich danke der Fügung

und der Führung der Liebe,

während ich diese Zeilen schrieb!